돈과 행복을 위해 이 책을 읽을 모든 이들에게

이 세상에 펼쳐지는 삶은 당연히 내 몫이다.
기쁨도, 슬픔도, 성공과 행복도 내가 선택해야 할 뿐이다.
우주가 끝없이 넓고 무한히 신비로운 것처럼 인간의 삶도 깊고 넓고 흥미롭다.
삶이 어떻게 펼쳐질지 아는 것은 오직 나뿐이며, 내 삶의 설계자는 나다.
행복과 불행이 혼재하는 세상 속 나는 어디에 있는가?
내가 마음먹은 대로 흘러가고 있는가?
실패의 연속을 무릅쓴 실패야말로 더 큰 성공을 향한 발판이다.
실패 없이 행복은 찾아오지 않는다.
삶의 모든 것은 성공과 행복을 위해 존재하고,
한 사피엔스로서의 꿈은 언젠가 반드시 이루어진다.
경매를 향한 나의 꿈도 이루어졌으며, 계속 이루어지고 있다.
삶의 본질은 행복과 불행이 함께 있다는 것이다.
미움과 사랑도, 성공과 실패도 함께 있다.
우리가 꿈꾸는 행복한 삶과 장수, 건강, 돈
모두 나의 선택에 달린 것이다.

거장의 경매 수첩

거장의 경매 수첩

37년 투자의 대가가 공개하는
금맥을 거머쥐는 부동산 경매 비기

심완보
(태양바람)
지음

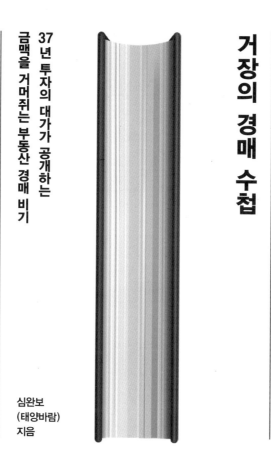

21세기북스

시작이 없으면 성공도 없다

–

450만 원 투자로 5천만 원 순익을 본 나의 최초 경매 도전기

공인중개사를 운영한 지 몇 년이 지난 때였다. 편안하고 안정된 나날이었지만 한편으로는 같은 일이 반복되어 무료하기도 했다. 무언가 새로운 일, 더 진취적인 일을 하고 싶었다. 그래서 선택한 것이 경매였다. 마침 부동산 경매 경험이 있는 선배에게 많은 도움을 받았다.

"선배님, 저 그 빌라 해보려고요."

"날짜가 언제였지?"

"내일이요."

"가격은 정했어? 지금 세 들어 있는 사람은 어때?"

"좀 알아보니까 근저당 후에 전입했더라고요. 명도 신청하면
될 것 같습니다."

"그래? 그 문제만 괜찮으면 가격 잘 써봐. 1등을 해야지 2등은
아무 소용 없어."

경매 이야기를 하며 소주를 기울이다가 집으로 돌아왔다. 드디어 입
찰 날이 밝았다. 그런데 아차 싶었다. 어제 술이 과했는지 일어나야 할
시간을 넘겨버린 것이다. 부랴부랴 서류를 챙겨 들고 택시를 잡아탔
다. 자칫하다 법원에 늦게 도착할 수도 있겠다 싶어 불안했다. 술 마신
것을 후회하고 또 후회하다가 간당간당 시간에 맞춰 법원에 도착할 수
있었다.

떨리는 마음으로 입찰표를 받아들고 막상 입찰표를 쓰려니 당황한
나머지 헷갈리는 것이 있었다. 하는 수 없이 법원 직원에게 뛰어가 묻
고 다시 입찰표를 쓰는데 또 가물가물해졌다. 다시 직원에게 뛰어가
물건번호를 물었다.

"이 사건 물건번호가 몇 번이죠? 저는 두 개 중 비싼 것을 하려
고 하거든요."

직원은 어이가 없다는 듯 나를 쳐다보더니 법원에 비치된 경매정보

지를 건네주었다. 정신이 혼미해 고맙단 인사도 제대로 못 한 채 책을
뒤적거리며 물건번호를 찾아 기재하고 금액도 써냈다. 봉투에 쪽지를
넣고 투찰함에 가기까지 아주 짧은 순간이었지만 외줄을 타는 기분이
었다. 모든 것이 완벽했다고 생각했는데 아차 싶었다.

'어? 내가 얼마를 썼지? 1,100만 원? 이런이런……'

생각해보니 두 건 중 물건번호는 1번을 써놓고 가격은 2번 가격을
쓴 것이다. 1,300만 원을 써야 하는데…… 망했다…… 선배에게 그렇
게 제대로 쓰라고 충고까지 받았건만 이런 실수를 하다니 나 자신이
우스꽝스러웠다. 보나 마나 탈락이겠구나.
망했단 생각에 그냥 돌아가려고 챙겨 간 서류를 주섬주섬 정리하고
있는데 밖은 내 마음같이 소나기가 세차게 내리고 있었다. 법원 안에
서 마이크를 잡은 집행관의 목소리가 시끄럽게 들렸다. 경매가 시작된
것이었다.

"○○○ 씨, ○○○ 씨, ○○○ 씨, ○○○ 씨, 심완보 씨, 이상 다섯
명 앞으로 나오세요."

입찰자는 다섯 명이었고 예상대로 내 이름이 꼴찌로 호명됐다. 그런
데 갑자기 얘기가 이상하게 돌아갔다. 경매는 보통 1등부터 발표를 하

는데 1등으로 불려 나온 분이 집행관에게 야단을 맞기 시작한 것이다.

"아니 물건번호를 제대로 써야죠. 제가 그렇게 번호 제대로 쓰
라고 알려드렸는데 그걸 틀려요? 한 분도 아니고 1등부터 4등
까지 전부 그렇게 썼네요."
"뭐라고요? 이상하다? 정보지 보고 쓴 건데……."

볼멘소리가 터져 나왔다. 당시 정보지가 한 곳에서만 출판되었는데,
알고 보니 정보지의 오류로 다들 잘못 적은 것이었다. 다행히 나는 법
원에 비치된 정보지를 보고 쓴 덕분에 올바로 쓴 것이다. 이러다가 내
게 기회가 오는 건 아닐까 싶었는데 아니나 다를까 집행관이 쐐기를
박았다. 1등부터 4등까지는 모두 무효, 최종 낙찰자는 바로 5등인 내
가 된 것이다.

"네? 정말 접니까?"
"제가 분명히 말했습니다. 저희 잘못 아닙니다. 저희는 분명히
몇 번이나 방송했어요. 정보지가 잘못됐다고. 최종 낙찰자는
심완보 씨입니다."

꿈인가 싶었다. 낙찰가 1,100만 원에 이게 웬 떡일까 싶었다. 대놓
고 좋아하기엔 억울하게 떨어진 네 분에게 죄송했지만 기분 좋은 것은

숨길 수가 없었다. 1등 영수증을 받고 나오는데 뒤통수가 따끔거렸다. 원래 1등을 쓴 사람이 1,460만 원을 썼다고 하니, 내가 원래 계획대로 1,300만 원을 썼어도 떨어졌을 터였다. 그런데 운 좋게 꼴찌가 1등이 된 것이다.

　"심 사장, 어떻게 그런 기적 같은 일이 생긴 거야?"
　"글쎄요……. 제가 처음 하는 경매라 이것저것 물어보고 법원
　직원한테도 두 번이나 갔죠. 그래서 결국 법원 정보지를 보게
　된 것 아닐까요? 그냥 재수가 좋았던 것 같아요."

　정말 기적이라고밖에는 할 말이 없었다. 그날 나는 나를 격려했다. 중요한 것은 시작을 했다는 것이다. 어설픈 첫 경매였지만 1등을 했다는 것이 중요했다. 물론 운과 도움이 절대적이었지만 시작과 도전은 축하할 만한 일이다.
　그날 나는 경매를 계속해야겠다고 마음먹었다. 이런 말도 있지 않은가. 인생을 살아가는 데는 두 가지 방식이 있다고. 하나는 어느 것도 기적이 아닌 것처럼, 다른 하나는 모든 것이 기적인 것처럼 살아가라는 얘기 말이다.

　이것이 나의 짜릿한 첫 번째 경매 경험기다. 드라마처럼 일어난 이 사건은 그 후의 인생에 좋은 신호등이 되었다. 1,100만 원에 낙찰받은

빌라는 2년 뒤 집 앞에 전철역이 신설되면서 가격이 훌쩍 뛰었고 7천만 원에 매각할 수 있었다.

게다가 더 반전은 이 빌라에 투자하는 데 실제로 들어간 돈은 450만 원에 불과했다는 사실이다. 앞으로 이야기하겠지만 경매는 1등이 되면 부동산을 담보로 담보대출을 받을 수 있다. 빌라를 담보로 받을 수 있는 대출은 700만 원, 2년간 700만 원을 빌리고 그에 대한 이자 56만 원이 나갔다. 2년 뒤 5,900만 원의 차익을 남기고 7천만 원에 팔렸으니, 대출금 700만 원의 이자, 취득세를 상환하고 5,100만 원의 순익을 손에 쥘 수 있었다.

500여만 원을 투자해서 2년 만에 5천만 원 넘는 순수익을 얻은, 열 배 이상 대박 난 투자가 된 것이다. 실수로 얻어낸 짜릿한 낙찰. 경매로 가는 기분 좋은 출발신호였다. 이것이 내 인생의 전환점이 되었다.

— 2023년 7월
심완보

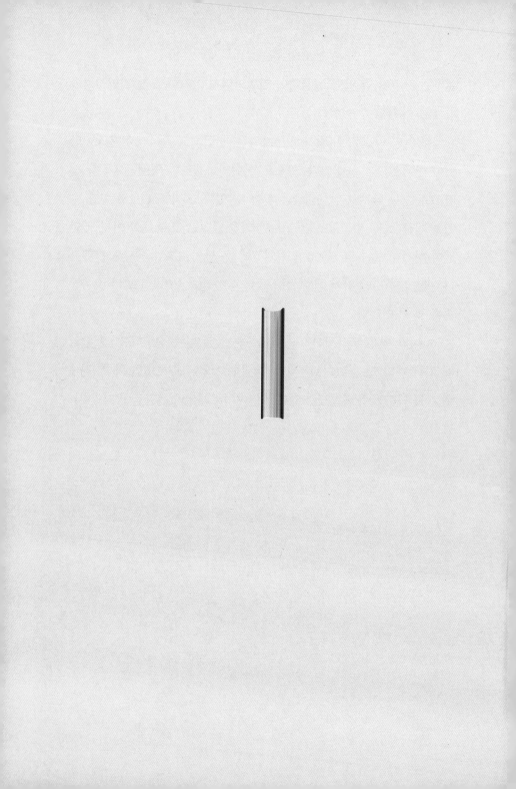

제
1
장 | **[경매의 맛]**
경매 인생 37년을 뒤바꾼 경매의 맛

제 4 장 [실전, 경매의 세계로]
잃지 않는 투자자는 관점을 바꿔 새로운 본질을 꿰뚫는다

제
1
장

[경매의 맛]

경매 인생
37년을 뒤바꾼
경매의 맛

경매라고 따로 생각하지 않으면 쉽다.

경매는 본질적으로 잘 사고 잘 파는 행위이기 때문이다.

경매는 법대로 하면 되기 때문에 오히려 따라 하기에 쉽다.

전문 지식, 좋은 머리, 학벌, 인맥 다 필요 없다.

말하고, 듣고, 걸을 수 있으면 충분하다.

성공이 절실한 사람이 최고 좋은 여건을 갖추고 있다고 생각하자.

실패와 시련 없이
성공도 없다

∧
∧
∧
∧

"네? 뭐라고요? 농취증 발급이 안 된다니 무슨 말씀이세요?"

이거 큰일이 나도 단단히 난 모양이다. 식전 댓바람부터 들려온 소식에 간담이 서늘했다. 경매 컨설팅 건에 큰 사고가 생겼다. 흔히 경매로 농지를 낙찰받으면 기관으로부터 농지자격취득증명을 발급받아야 하는데, 그 허가가 나오지 않는다는 것이다. 큰일이었다. 낙찰자에게 농취증 발급까지 마쳐주는 일이 컨설턴트의 몫이었기 때문이다. 농지는 투기 대상이 되어서는 안 되기 때문에 권리 행사에 제한과 의무가 따르고, 취득의 자격을 증명하는 것이 농지자격취득증명이다.

그 당시 파주에 경매 사무실을 차리고 자리를 잡고 있는 상황이었는데 생각처럼 일이 잘 풀리지 않을 때였다. 경매시장은 늘어나고 있었는데, 이렇다 할 노하우가 있는 것도 아니었기에 분투하던 중이었다. 그저 사무실을 운영할 정도로만 유지되고 있던 터라 뭔가 도약이 필요한 상태였다.

그러던 차에 농지 경매 의뢰가 들어왔다. 그때만 해도 빌라나 상가 위주로 경매를 하고 있어서 농지에 관한 경험이 많지 않은 편이었다. 하지만 워낙 땅을 좋아했고 해보고 싶은 분야였기에 일을 맡게 되었다. 고객들이 원하는 것은 하나였다. 당연히 수익을 남기는 것. 그렇기에 개발 가능성이 있는 물건의 옥석을 가리고, 가능한 한 좋은 가격에 낙찰을 받게 해주는 것이 내가 할 일이었다. 당연히 세금과 서류 절차 지원은 기본이었다. 그런데 경험이 많지 않았던 농지 경매에서 녹록지 않은 일이 벌어지고 만 것이었다.

302평 미만 토지에 발급되지 않는 농취증?

고객이 의뢰한 것은 84평 농지였고 꽤 괜찮은 가격으로 낙찰을 받을 수 있었다. 낙찰까지 진행이 되었으니 가장 중요한 농취증을 발급받아 고객이 수익을 남길 수 있게 해주면 되었다. 그런데 관할 법원으로부터 농취증 자격을 불허한다는 통보가 온 것이다.

등에서 한 줄기 땀이 흘렀다. 큰일이 났다 싶었다. 알고 보니 302평 미만의 농지, 이렇게 농지가 넓지 않은 땅엔 농취증 발급이 되지 않는다는 것이다. 아직 경험이 많지 않았던 내가 놓친 부분이었다. 뒤늦게 이 사실을 알게 된 고객은 난리가 났다. 그도 그럴 것이 컨설턴트라는 사람이 기본도 알지 못한 채 실수를 저지른 셈이 된 것이다.

고객에게 너무도 송구한 마음에 죄송하단 말도 나오지 않았다. 일이 잘못될 경우 고객의 보증금을 물어주는 것은 당연한 일이었지만 그보다 더 심각한 것은 이 일이 틀어지면 내 자존심과 창피함에 면이 서질 않는다는 점이다.

다급한 마음으로 농지법과 시행령을 서둘러 찾아보니 과연 맞았다. 농업인이 아닌 자가 농업경영 목적으로 농지를 취득하는 경우 총면적이 302평 이상이어야 했다. 정보지를 다시 뒤적거려보니 과연 이전에 보지 못했던 항목이 눈에 들어왔다. 그 땅이 고객에게 낙찰되기 전 다른 낙찰자가 있었는데 그 사람이 농취증 발급 불허로 낙찰 포기를 했었단 사실이 나와 있었다. 이전 낙찰자가 왜 낙찰 포기를 하게 되었는지 조사했어야 했는데 그 점을 간과한 것이다. 나의 잘못이었다.

그 길로 면사무소로 가 농업정책과 산업팀 담당 공무원을 만났다. 자초지종을 이야기하고 자격 불허가 난 이유와 법조문의 근거를 물었지만 그저 단념하라는 답변만이 돌아왔다.

건조하고 단호하기만 한 담당 공무원의 모습에 절망감이 커졌다. 차 기름값도 걱정해야 할 형편에 보증금까지 물어주고 전문가로서 면도 깎였으니. 이 일이 얼마나 크게 다가왔던지 담당 공무원과 싸우는 꿈까지 꾸었다. 그때 꾸었던 꿈이 아직도 생생한데, 재밌는 것은 왜 농취증 발급이 안 되냐며 따져 묻다가 담당 공무원의 신분증을 떼서 내 주머니에 넣어버린 것이다. 그 순간 잠에서 깼는데, 순간 '왜 발급이 안 되지?' 강한 의문이 들었다. 그 조그만 땅을 산 사람은 분명히 재벌이 아닌 서민이었을 텐데도 그들에게 보증금을 몰수한다니 너무 가혹한 법 아닌가 싶었다. 실제 경작을 원하는 사람도 법이 판단하기에 충분한 부지가 아니면 농취증을 발급해주지 않는다니 너무한 처사였다.

농취증 발급의 근거

의정부 법원 경매계를 다시 찾았을 때의 내 발걸음은 며칠 전과 달랐다. 마음속에 믿음이 생겼기 때문이다. 그것은 세상에 대한 믿음, 길을 잘 찾으면 답이 나올 것이라는 믿음이었다. 끝까지 해보면 가능한 싸움이겠다 싶었던 것이다. 담당 공무원은 살짝 귀찮은 표정을 지었다.

"생각해보십시오. 대체 누구를 위한 법입니까? 서민들은 어떻게 삽니까? 더구나 보증금을 몰수한다는 게 이해가 됩니까? 모르고 한 일 아닙니까?"
"아니 그걸 왜 저한테……. 판사님께 말씀드려보세요."
"그러려고요. 어떻게 하면 되겠습니까?"
"지금 판사님이 바쁘시니 일단 서면으로 작성해서 제출해보세요."

"안 됩니다. 당장 지금 해결을 해야 합니다."

완강히 버텼다. 사실 그날이 농취증 제출하는 마지막 날이었기 때문
이다. 어떻게든 판사와 만나 담판을 지어야 하는 상황이었다. 20~30
분을 실랑이를 벌이자 담당 계장도 안 되겠는지 어디를 잠깐 다녀오더
니 발급일을 일주일 연기해주겠다고 한걸음 물러났다.

일단 한 고비 넘긴 나는 그 자리에서 탄원서를 써 내려갔다. 이 법은
부당하다는 취지의 글을 써서 제출하고 며칠이 흘렀다. 3일 뒤에 법원
에서 답장이 왔는데, 면사무소 공무원의 공문서로 농취증을 못 받는
이유를 써서 답변을 달란 내용이었다.

'공무원 공문서? 그걸 법원이 아닌 내가 직접 요구하라는 건가?'

하지만 목마른 사람이 우물을 파야 했다. 한 시간쯤 고민한 끝에 면
사무소를 방문했다. 담당 공무원에게 법원의 답변서를 보여주며 어떻
게 하면 좋을지 상의했다. 담당 공무원은 이런 일이 처음이라며 귀찮
아하면서도 알았다며 답변을 해주기로 약속했다. 그리고 공문서를 발
급해 주었고 즉시 법원으로 가서 서류를 제출했다. 사뭇 어떤 결과가
나올지 궁금했다.

이틀 뒤 법원으로부터 날아온 답변은 84평 토지에 농취증 발급을

허가한다는 것이었다. 농지 경매 건은 성공리에 마무리되었다. 일단 보증금을 떼이지 않아도 된다는 기쁨, 고객으로부터 무한한 신뢰를 얻게 된 기쁨도 있었지만 가장 큰 기쁨은 따로 있었다.

이 일로 나만의 차별화된 전략을 찾은 셈이었다. 그때까지만 해도 누구도 302평 미만 토지경매에 도전을 하지 않았다. 농취증 발급이 불허되었기에 투자 목적으로 취득했다가는 보증금을 몰수당하기 때문이다. 하지만 이 사건을 해결한 경험으로 방법을 찾았기에 이 분야에 전력투구하면 될 것이었다.

'왜 안 될까?' 의문을 가졌을 뿐인데, 모두가 안 될 것이라 지레짐작하는 부분에서 한 번 더 도전하면 길은 생긴다. 302평 미만 농지 경매는 그 후 내 주력 분야가 되었고, 내 도약의 기회가 되어주었다.

법은 참 철옹성같이 느껴지지만 보편적인 인간 상식이 우선한다고 믿으면 어떤 일이든 불가능한 일은 없었다. 가능성은 어디에든 있다. 계속 들여다보고 의문을 갖고 도전할 방법을 찾다 보면 길은 생기기 마련이다.

생각하는 것은 손해 볼 것 없는 장사다. 과정 없는 성공, 실패 없는 성공은 없다. 마치 활쏘기와 같다. 활쏘기 책을 읽고 자신감이 생겼다고 활터에서 활을 쏘면 과녁에 맞기나 하겠는가? 그저 쏘고, 또 쏘기를 반복하는 수 말고는 없다. 우연히 1점 과녁에 맞았다면, 또 우연을 기다리면서 계속 쏘는 것이다. 스마트폰 사업의 연구원들처럼. 성공을 위해 밥 먹듯이 실패를 하고, 그렇게 스마트폰을 개발한 것처럼 말이다. 실패를 하려면 실패할 수 있는 기회를 만나야 한다. 내가 아는 것은 무작정 돌진할 수 있는 사람에게 그 기회가 주어진다는 것이다. 그런 사람과 식구가 되고 한 팀이 되고 열정을 가지고 일할 수 있다. 시간이 문제가 아니다. 하나가 될 때까지 서로 믿음이 생길 때까지. 소중한 실패를 거듭하며 함께 성장하는 것이다. 그게 성공으로 가는 방법이다. 진짜 원하는 것이 무엇인지, 진짜 꿈이 무엇인지 진실하게 말해보자. 아름답고 멋진 사랑, 어마한 부자. 100억, 1천억, 1조, …… 슈퍼맨, 어벤저스, 지구를 구하는 사람, 꿈꾸는 사람. 무엇이든 좋다. 꼭 마음속에 깊이 새겨라. 명심하고 기원하라. 늘 그 생각을 반복하고 그대로 행동하라.

멋진 사람에게 고백해봤을 때를 생각해보자. 부끄럽고, 자신이 없지만 계속 망설일 수는 없다. 성공은 고백이다. 실패를 두려워 말자. 실패가 성공이다. 일단 고백하자. 고백하지 않으면 승리할 수 없다. 그게 바로 성공의 본질이다.

경매의 맛을 깨닫다

^
^
^
^

302평 미만의 토지에도 농취증이 발급되도록 도전했던 일은 내게 경매의 맛을 알게 해 준 계기가 되었다. 누구도 시도하지 않았던, 안 될 것이라 포기했던 일을 시도한 덕분이다. 건건이 이렇게 해결해야 한다는 것이 귀찮은 일이었지만 누구보다 나만 독점하는 일이기에 매력이 컸다.

> "농지를 사고 싶은데 평수가 좀 작아요. 작은 평수엔 농취증
> 발급이 안 된다던데…… 그러면 아무것도 할 수도 없고……."
> "그러니까 농취증이 나오게 해야죠."
> "그게 돼요?"
> "돼요. 됩니다."

경매를 좀 안다는 사람에게 302평 미만 토지는 공략의 대상이 아니었다. 그런데 우리 사무실에서는 그 안 된다는 일을 시도했고, 한 건 한 건 성공하다 보니 어느새 토지경매 전문 사무실이 되어 있었다. 한 2년간은 경기 북부 일대뿐만 아니라 땅이 있는 곳은 찾아다녔다. 전국 팔도에 땅은 고루 퍼져 있고 각각의 땅마다 필요나 쓰임새에 따라 관리 등급이 나누어져 있기에 조건에 맞는 농지 경매를 시도했고 질주했다. 한 건, 두 건, 농지 경매가 성공해나가기 시작했다. 할 때마다 투자 금액의 100% 넘는 이익이 쌓였다.

작은 토지의 맛

농지 입찰은 과연 경쟁자가 없었다. 도전하는 족족 성공이었다. 302평 미만의 토지만 공략하다 보니 이쪽 분야의 독보적인 전문가가 되었고 농지 경매에 대한 노하우는 점점 쌓여갔다. 하루하루 바쁘게 움직였다. 노하우와 전략이 세워졌으니 중요한 것은 농지를 확보하는 일이었다.

우리 국토 중 도시지역은 15%에 불과하고 도시지역을 꿈꾸는 비도시지역 토지가 85%에 이른다. 그러다 보니 집이나 공장터 가격이 오를 수밖에 없다. 이런 사이클 속에 있다 보니 땅이 부족하다고 느끼는 것인데, 경매는 그 속에서 옥석을 가리는 일을 하는 것이다. 특히 경매라는 제도가 생겨나고 지금까지 이어져오면서 토지고 건물이고 할 것 없이 경매의 건수가 마르지 않는 것을 보면, 물론 채무 문제도 많겠지만 그만큼 경매로 도전해볼 땅이 많다는 뜻일 것이다.

그중에서도 내가 전적으로 매달린 토지는 농지였다. 토지는 용도에 따른 분류가 되어 있는데, 농지는 말 그대로 농사를 짓게끔 허가된 땅이다. 그 농지 중 건축을 할 수 있는 농지를 고르는 것이 매력 있는 일이다.

날마다 경매정보지를 보고 작은 농지 경매 물건을 보러 다니는 것이 중요한 일과였다. 하루에 경매 물건을 10건 이상 보러 다녔다. 주 무대는 파주 일산을 넘어 김포 양주에 이르기까지 경기도 외곽 지역이었는데, 지역을 확대하기에는 시간적 인적 노력이 필요했기에 몇 군데에 집중했다.

땅의 맛

302평 미만의 농지 경매에 뛰어든 사람들은 거의 없었다. 당시 나는 거의 단독으로 농지를 경매로 샀다가 제값을 받고 팔았다. 경매라는 것이 투자의 목적이 크기에, 토지나 건물을 확보하게 된 뒤 그다음 스텝까지 생각해야 한다. 302평 미만 토지의 경우 목적은 분명했다. 시중 거래 가격에 비해 낮은 경매가로 땅을 확보한 뒤 그 땅을 활용할 사람에게 제 가격을 받고 매도하는 것이었다. 당연히 확보된 농지를 살 사람이 필요했다.

이때 필요한 사람이 공인중개사다. 땅을 보러 다닌다는 것은 그냥 눈으로만 실물을 확인한다는 것이 아니다. 처음엔 그저 구경꾼으로서 둘러보지만 어느 정도 확신이 들 때는 인근 부동산 사무실 사람들과 안면을 텄다. 같은 일을 했었다는 동질감이 도움이 될 때도 있고 어떤 때는 드러내지 않는 것이 더 나을 때도 있었다. 타지 사람의 방문을 경계하는 경우도 있기 때문이다.

"사장님, 요즘 땅값이 어때요? 농지 같은 경우에……."
"글쎄요, 어디를 보셨는데요?"
"저쪽 윗말 쪽에 농지 작은 거 봤는데요."
"왜요, 농사지으시게?"
"그럴 수도 있고요."
"글쎄 평당 40~50만 원쯤 되려나?"

대충 거래되는 가격을 알아보고 안면도 트고 나면 훗날 매매에 확실히 유리하다. 땅을 내놓기도 편하고, 어느 정도 친분이 쌓이면 일이 진행되는 것에 따라 사람을 알아봐주기도 하니 서로에게 윈윈이었다. 이 일을 밀접하게 하면 큰 힘이 된다. 신뢰가 쌓이면 기적 같은 일이 생긴다.

당시 농지 경매에만 올인하면서 거래하던 부동산이 7~8군데가 되었는데 모두 좋은 관계를 유지했다. 2년간 302평 미만의 농지 경매에만 집중하면서 경매의 맛을 알게 되었고, 수익도 상당했다. 수백여 건에 이르는 토지경매 각각의 경우에 따른 토지의 성격에 대해 알 수 있었고, 무엇보다 이 일을 통해 '나만의 전략', '나만의 성취감'을 맛볼 수 있었다. 앞으로의 경매 인생에서 어떤 분야에 집중해야 할지, 어떻게 전략적으로 차별화를 두어야 할지 알게 된 것이다. 나는 이미 부자였다. 남들과는 다른 공략법을 알았기 때문이다. 세상이 쉽게 보였고, 세상이 내 마음대로 되는 것 같았다.

예전부터 가지고 있었던 토지에 대한 확신이 더욱 공고해졌다. 왜? 땅은 자산으로 이용된다. 땅은 인플레이션에 별 영향을 받지 않고 가치를 잘 저장해준다. 땅값 상승률은 일반적 금리보다 높아 지렛대효과가 크다.

왜? 땅은 돈을 빌릴 때 담보로 이용된다. 투자에 있어 돈은 필수다. 정보만 열 개가 있다고 해도 돈이 없으면 무용지물, 땅은 담보가치가 높다. 그래서 땅을 개발하여 담보가치를 높이고 다시 돈을 빌려 투자하는 방법을 이용하는 것이다.

왜? 땅은 세금이 상대적으로 낮다. 물론 최근 들어 상속·증여세의 과세 기준이 바뀌었지만 아직은 금융자산보다 매력이 크다. 땅은 다른 부동산과 교환하는 데도 이용할뿐더러 다른 재산 가치를 평가하는 데도 기준이 된다.

이렇듯 땅이 주는 매력은 아직도 상당하다. 처음에는 나도 일반인들과 마찬가지로 땅을 주택이나 농업이나 공장 등 본래 용도대로 이용하는 데에 관심을 가졌지만, 토지경매에 매달려 일하면서 자산으로써, 담보로써, 상속이나 세금으로의 가치를 갖게 되면서 더 큰 활용도가 있음을 깨닫게 되었다. 또 하나의 새로운 방향이 잡힌 셈이다.

TIP 이용 상태에 따른 땅의 종류를 알아봅시다.

지목	약자	지목	약자	지목	약자	지목	약자
전	전	대지	대	철도용지	철	공원	공
답	답	공장용지	장	제방	제	체육용지	체
과수원	과	학교용지	학	하천	천	유원지	원
목장용지	목	주차장	차	구거	구	종교용지	종
임야	임	주유소용지	주	유지	유	사적지	사
광천지	광	창고용지	창	양어장	양	묘지	묘
염전	염	도로	도	수도용지	수	잡종지	잡

- **대지** : 건물이 있거나 택지로 이용될 땅
- **택지** : 주택이 있거나 주택용지로 활용될 땅(대지보다 범위 좁음)
- **건부지** : 건물의 부지로 이용되는 땅
- **나지** : 건물(정착물)이 없는 땅, 나대지라고 함
- **부지** : 건물의 부지로 이용되는 땅

- **공지** : 대지 중에서 건물 바닥의 땅을 제외한 땅
- **필지** : 지번이 부여된 땅, 거래의 단위
- **획지** : 일정한 계획에 의하여 구분된 땅
- **소지** : 생산용으로 활용되는 땅, 농지, 임야 등
- **맹지** : 도로가 없는 땅
- **용지** : 도로공사나 주택공사에서 택지나 상가용으로 공급하는 땅
- **선하지** : 고압선 밑에 있는 땅
- **법지** : 경계면의 땅(고속도로와 산의 경사면)
- **포락지** : 하천이나 계곡 등에 무너져 흘러내린 땅
- **빈지** : 썰물일 때 나타나는 바다와 육지 사이의 땅(소유권 불인정)
- **후보지** : 농지 등이 다른 용도로 전환되는 땅
- **미불용지** : 정부에서 수용했으나 아직 보상을 받지 않은 땅
- **공개용지** : 건축할 땅의 일부를 조경이나 공원 공터 등으로 남겨둔 땅

생존 전략을 잃고,
다시 일어서다

고사성어에 모순(矛盾)이란 말이 있다. 창과 방패, 어떤 방패나 다 뚫을 수 있다고 하는 창과 어떤 창이든 막아낼 수 있는 방패가 만나면 그게 바로 모순이 된다. 경매에 몸담고 일하면서 심심찮게 마주치는 것이 바로 모순의 상황이다. 법이나 제도는 불평등과 부당함을 막기 위한 것인데, 오히려 그것을 역으로 이용하는 경우가 생긴다. 그러면 역이용 사례를 막기 위해 또 법과 제도가 개편되는 식이다. 완벽한 제도도 완벽한 변칙도 없기에 그 속에서 가장 최선의 것을 선택하는 것이 경매다.

거창한 이야기를 시작한 이유가 있다. 경매에 뛰어들고 파주에서 사무실을 운영하면서 농지 경매에 집중하며 황금기를 보내던 때였다. 시간과 일손이 부족해서 일을 처리하지 못할 정도로 경매 물건이 많았다. 그런데 시대는 바뀐다. 내가 강력한 창을 마련했다고 해도 그것을 막아내는 방패가 늘 생기기 마련이다. 세상은 빠르게 흐르므로 변화를 예측하고 늘 유연한 생각과 창조적 발상으로 대처할 수 있어야 한다.

주말농장법의 등장

경매로 재미를 보면서 처음으로 아파트로 이사를 했다. 처음 해보는 아파트 생활이었다. 지금 경매로 마련한 주택에서 살기 전의 일이다. 경매의 맛을 보기 시작하면서 하루를 시간별로 쪼개 물건을 보고 입찰을 하러 다니던 때였다.

그러던 어느 날 아침이었다. 여느 날처럼 6시에 일어나 간단히 요기를 하고 나갈 준비를 하고 있었다. 보통 아침 식사를 하기 전에 두세 군데 땅을 보러 다녔기에 나름 분주한 시간이었다. 경매 일을 배우겠다고 아들도 동행을 했는데, 그날따라 아침 뉴스에 집중하던 아들이 나를 불러 세웠다.

"이 뉴스 좀 보셔야겠어요."

뉴스에선 바뀐 제도에 대해 한참 설명을 하고 있었는데, 귀에 꽂히는 단어가 있었다. '주말농장법, 302평 미만의 농지, 쉽게 사고판다.'

다리에 힘이 탁 풀렸다. 더 들을 것도 없었다. 2년간 생존 전략으로 잡았던 것이 무용지물이 된다는 의미였다.

이름하여 주말농장법이 시행되었다. 일반인들이 쉽게 사고팔 수 없었던 302평 미만의 농지에 대해 규제를 완화하겠다는 것이다. 이 규제가 완화되면 그만큼 농지 경매에 많은 이들이 참여할 것이고 그만큼 가격 경쟁력도 높아진다는 말이 되었다. 누구나 작은 농지에 집도 짓고 농사도 지을 수 있게 하겠다는 것으로, 농업인은 소유의 농지를 쉽게 팔 수 있고 서민은 쉽게 농지를 구입할 수 있게 해주겠다는 뜻이었다.

"아버지, 이제 어쩌죠?"

"……."

순간 어떤 말도 나오지 않았다. 한순간에 생존 전략을 잃어버렸다는 생각에 아무 생각도 할 수 없었다. 억울하기도 했다. 경매 시작하고 이제 20년이란 시간이 흘러 노하우 하나 겨우 얻었는데 꽃도 제대로 피워보지 못했다는 억울함, 아니 허탈감이 들었다. 뭔가 하나를 굳게 믿고 있었는데 알고 보니 아무것도 아니었고, 믿을 것이 없어졌다는 무기력함이 다가왔다.

"오늘 나가는 일은 취소하자."

더 이상 땅을 답사할 필요가 없다는 생각에 한참을 자리에 앉아 생각을 했던 것 같다. 처음엔 실망과 낙담 때문에 마음을 추스를 수가 없었다. 그동안 많은 성취와 실패를 경험하면서 많이 단련되었고, 없어도 없는 티를 내지 않고 희망적으로 살았는데 그날은 웬일인지 밑바닥까지 떨어진 기분이었다. 그러다 보니 거의 20년간 해온 경매 일을 그만둬야 하나 직업적 고민까지 들게 되었다.

코스모스가 열어준 신세계

경쟁력을 잃었다는 상실감에 한동안 경매일에서 손을 뗀 채 시간이 흘렀다. 세상이 너무 빨리 변한다는 사실과 함께 이 변화 속에서 살아남으려면 어떻게 해야 하는가 끊임없이 질문을 던졌던 것 같다. 차츰 오기가 생겼다. 왜 세상의 변화에 끌려다녀야 하는가, 세상이 변화하면 나는 진화하면 되었다.

이 마음을 북돋아준 것은 한 권의 책이었다. 어린 시절부터 책을 좋아했던 나는 누나들의 영향으로 동화책을 많이 읽었다. 지금까지도 그때 읽었던 『소공녀』 내용이 기억 날 정도로 반복해서 읽었는데 그래서인지 성인이 되어서도 책을 읽으며 마음을 다스리곤 했다. 책 속에 길이 있다는 격언이 매우 상투적이라는 걸 알면서도 정말 책을 통해 길을 발견한다는 것을 알았기 때문이다.

한참 절망에 빠져 땅을 보러 가는 대신 서점으로 향했다. 이것저것 뒤적거리던 중 강력하게 나를 잡아끈 책 한 권이 있었다.

칼 세이건이라는 우주 과학자가 쓴 『코스모스』였다. 원래는 TV 시리즈로 방영된 프로그램을 책으로 엮어낸 대중 과학서로, 지금껏 영어로 출판된 과학 서적 중 가장 널리 읽힌 책이다. 이전까지 인문학 서적을 주로 읽었던 내가 과학 서적을 집어 들게 된 이유는 알 수 없다. 다만 책을 펼쳐 읽는 순간 그대로 빠져들었다는 것만은 분명하다. 나는 과학을 잘 알지도 못할뿐더러 큰 관심이 있는 것도 아닌데. 칼 세이건이 바라본 우주는 질서와 조화를 이룬 체계로서 자연은 완전히 예측 불가능한 것이 아니며 반드시 규칙이 있어서 아름답고 훌륭하게 조화를 이루고 있다는 것이 새로웠다. 복잡하고 심란한 마음, 모든 것이 끝났다는 생각에 뒤죽박죽 얽혀 있던 세상에 돌을 던진 기분이 들었다.

한참 높이 올라가서 지구를 내려다보면 한 점 먼지에 불과하지만 지구는 이곳에 자신의 아름다움과 온갖 가치를 다 퍼부어놓았다. 고공에서 내려다보면 더 공정하고 올바른 평가로 많은 것에 합당한 가치를 부여할 수 있을 것이다. 이 지구만큼이나 사람들이 잘 살고 있는 잘 꾸며진 세계가 한둘이 아니라 여럿 있다는 사실을 인지하는 순간부터 우리는 이 세상 사람들이 위대하다 일컫는 것들에 의미를 달리할 수 있고 사람들이 정성을 쏟아 추구하는 자질구레한 것들의 의미도 우주적 질서 속에서 생각할 수 있다.

책에 나오는 내용을 읽으며 현재 내가 가지고 있는 절망과 실망은 우주라는 큰 틀에서 볼 때 아무것도 아니라는 사실이 큰 위로로 다가왔다. 더 나아가 그 아무것도 아닌 존재들이 모여 끝도 없이 넓고 깊은 우주가 만들어졌으니 가치가 없는 것은 없다는 소중함을 알게 되었다.

물론 이 두꺼운 과학책은 뒤로 갈수록 알 수 없는 계산과 심오한 내용으로 읽기가 힘들어졌지만, 나와 같이 과학에 문외한이었던 사람에게 신세계를 열어주었다는 것은 분명하다. 가치 없는 것은 없다는 관점에서, 넓고 깊은 우주의 가치에 우리가 먼지와 같이 작은 존재에 불과하다는 관점을 관통하는 세계관을 열어주었다고 할까.

며칠 뒤 나는 다른 사람이 되어 있었다. 존재하는 것은 존재의 이유가 있고 가치가 있다는 관점에서 보게 되었다. 다시 경매인으로 돌아왔을 때, 상황은 달라진 것이 없었다. 나와 연관되어 일을 했던 이들은 바뀐 제도에 당황하고 있었고 그동안 소위 '찍어둔' 물건들은 가치를 잃었다. 그때 가장 먼저 한 일은 그간 모아둔 정보를 버리는 일이었다.

'언제 어떻게 다시 쓸 수 있을지 모른다'며 나를 말리기도 했지만 이미 그것은 가치를 잃었다는 판단이 들었기에 손에서 놓았다. 새로운 가치를 찾으면 될 일이었다. 다른 관점에서 가치를 찾고, 그것을 빛나게 해주면 될 일이었다.

법과 제도를 이용하여 나만의 전략을 찾으며 경매의 맛을 알았다면, 이제는 새로운 관점으로 물건을 바라보는 태도로 깊이 있는 경매의 세계로 들어가고 있었다.

^
^ ^
^
^

편견을 깬 순간,
성공이 따라왔다

"경매가 합법적인 게 맞아요?"

경매 좀 배워보겠다고 찾아오는 사람들이 자주 묻는 질문 중 하나다. 경매 학원을 시작한 지 십수 년이 지났건만 지금까지 이런 말을 듣는 걸 보면, 경매에 대한 선입견이 아직도 남아 있는 것 같다.

이와 함께 단골로 물어보는 질문이 또 하나 있다.

"경매로 사면 엄청 많이 남죠?"

이 질문은 맞다고도 할 수 있고 아닐 수도 있다. 경매로 많은 차익을 남긴 경우도 있고 오히려 계산을 삐끗해 손해를 볼 수도 있기 때문이다. 문제는 일확천금을 바라보고 경매의 문을 두드린다는 데에서 생긴다.

모든 것이 편견에서 비롯되었다. 물론 예전에 경매가 호가 방식으로 이루어졌을 때는 주먹 세계도 개입하고 담합을 한 사례도 있었다. 아마도 과거의 좋지 않은 모습에 대한 인상이 컸기 때문에 경매에 대해 좋지 않은 편견을 갖게 되었을 것이다. 하지만 호가제는 1993년 서울민사지방법원이 '입찰제도'를 실시하면서 사라졌다. 경매 입찰이 철저히 비밀에 부쳐졌기에 객관성과 공정성을 유지할 수 있었다. 우리가 자세히는 몰라도 대충은 알고 있다고 생각하는 경매, 이 대충 알고 있다는 생각 때문에 아예 잘못 알려진 부분이 상당하다. 제대로 알아야 한다.

경매에 대한 편견 깨기

우선 하고 싶은 말은 경매는 불법이 아니라는 것이다. 경매는 합법적인 절차다. 경매의 내막을 모르는 이들은 공시지가에 비해 싸게 물건이 처분되는 것만 보고 합법적이지 않은 것 아닌지 오해를 한다. 그러나 경매는 국가적으로 인정한, 민사소송법에 규정된 법적 절차다. 채무를 제때 변제하지 못한 이유로 멈춘 금융의 원활한 유통을 위해 만들어진 합리적 법이다.

둘째, 경매는 비인간적이라는 오해도 많다. 극단적 사례일수록 자극적인 이야기가 퍼지게 마련이다. 경매로 처분된 부동산의 경우, 임차인은 그곳을 벗어나야 하는데 이 경우 우선 변제를 받고 나가는 경우도 있지만 그렇지 못할 때도 있다. 보상을 받지 못한 임차인은 낙찰자와 마찰이 생길 수 있는데, 임차인 측에서 무리한 요구를 할 경우 강제 조치를 취할 수 있다. 하지만 임차인과의 원활한 조율과 이해를 통해 마지막 과정까지 마치는 것이 낙찰자의 책임이다.

셋째, 낙찰되면 무조건 이익이라는 오해도 다분하다. 아닐 수도 있다. 경매 물건은 공시지가를 참고하며 가격이 책정된다. 시중 가격과 감정가는 별 차이가 없는 상태로 시작하기에 항상 수익률이 좋다는 보장은 할 수 없다. 낙찰받은 상가의 임대가 갑자기 막혀 월수입이 막힌다거나, 개발 가능성을 보고 투자를 했으나 계획 변경이 되었다거나 수익률을 막을 변수가 생길 수 있다.

넷째, 사업과 마찬가지로 경매도 공동투자를 해선 안 된다는 오해도 있다. 그러나 그렇기만 한 것은 아니다. 누구에게나 돈은 귀하다. 가지고 있는 돈이 적을 수 있다. 아니 적은 경우가 대부분이다. 경매의 경우 물권이 확보되기에 금융권의 대출을 이용할 수 있다는 장점이 있지만, 단기간 처분이 가능하지 않은 수년 뒤 개발 가능성을 보고 투자하는 경우 자금이 묶일 가능성이 있기에 이런 경우 공동투자를 하게 되면 초기자본금의 부담이 줄 수 있다. 또한 공동투자의 경우 권리분석의 다양한 해석과 정보를 나눈다는 장점도 있으므로, 투자에 대한 의견이 같은 이들과의 공동투자는 해볼 만하다. 이때 중심을 잡아주는 노련한 경매인이 중요하고, 공동투자가들 간의 계약이 꼭 필요하다. 이때 정관을 확실하게 꾸며 계약을 체결해야 한다.

다섯째, 이재에 밝고 수학적 두뇌가 뛰어나야 경매에 성공한다는 오해다. 계산이 밝은 사람은 숫자 싸움만 하다가 끝난다. 그렇다고 계산 머리가 없어야 하는 것은 아니지만 경매에 있어 중요한 것은 수학적 두뇌나 계산이 아니다. 오히려 나무보다 숲을 보는 관점과 인내심, 즐기는 마음가짐이 더 필요하다.

여섯째, 경매는 돈 한 푼 없어도 시작할 수 있다는 오해도 있다. 제로 상태에서 경매에 도전하는 것은 위험성이 크다. 적어도 보증금을 걸 수 있을 정도의 투자금은 확보한 상태에서 도전하길 권한다. 낙찰 후 담보대출을 활용한다 해도 대출이 어느 정도 확보될 수 있을지 확실한 것이 아니기에 은행만 믿었다가 낭패를 당할 수도 있다. 그러므로 적어도 보증금(20%) 이상 자금은 확보한 상태에서 시작하는 것이 안전하다.

^

^ ^

^ ^

^

고난에 흔들리지 않는
사람들의 특징

경매를 통해 성공하기는 쉽지 않다. 부동산 경매는 부동산을 사고파는 행위를 경매로 실행하는 일이다. 간단하게 말하자면 부동산을 잘 알면 좋다. 자기가 사는 집이 얼마인지, 옆집은 얼마, 앞집 시세는 얼마인지, 번화가 상가 지역은 평당 얼마인지, 살고 싶은 동네는 왜 인기가 많은지, 나의 관심사와 사람들의 관심사를 떠올려보자. 그 동네 집값이 장난 아니게 오른다는 소문을 꿰고 있는 우리는 이미 전문가다.

경매라고 따로 생각하지 않으면 쉽다. 경매는 본질적으로 잘 사고 잘 파는 행위이기 때문이다. 경매는 법대로 하면 되기 때문에 오히려 따라 하기에 쉽다. 전문 지식, 좋은 머리, 학벌, 인맥 다 필요 없다. 말하고, 듣고, 걸을 수 있으면 충분하다. 성공이 절실한 사람이 최고 좋은 여건을 갖추고 있다고 생각하자.

홀로 자기 자본으로 무모하게 시작하기에는 난관이 예상된다면, 우선 많은 경험이 필요하므로 경험하는 방법부터 찾아내면 된다.

- **투자하는 모임에 가입한다(카페와 스터디 등).**
- **경매 전문학원에 등록한다.**
- **투자 회사에 취업한다.**
- **가족, 친지, 지인 등과 함께 투자한다.**
- **경매 컨설팅 회사를 설립한다.**
- **스스로 디벨로퍼로 활동한다.**

굿프렌드를 거쳐 간 사람이 수만 명 되는 것 같다. 지금까지 부동산, 경매, 투자 등 연을 이어가거나, 취업하거나, 회사를 설립하거나, 학원 운영, 디벨로퍼 등 다양한 형태로 자리를 잡거나 본사에 취업하여 활동하는 등 활발한 움직임으로 크게 성장한 사람도 꽤 많다.

그들을 살펴보면 여러 형태의 소질과 기질을 보게 된다. 어디든 성공하는 사람이 있는데, 공통점이 있다.

- **열정이 어마어마한 사람**
- **위아래 잘 어울리는 사람**
- **자긍심이 있는 사람**
- **경험과 지식이 풍부한 사람**

- 이익 분배에 넉넉한 사람

- 칭찬을 잘하는 사람

- 자기 일을 성실히 하는 사람

　이런 사람들이 성공할 가능성이 크다. 그런데 이런 사람이 그리 흔할까. 자신의 이익이나 질투에 느긋한 사람이 어디 흔한가. 남과 잘 어울리며 늘 칭찬하는 것은 쉬운 일이 당연히 아니다. 그렇다면 그렇지 않고 바로 이득을 계산하고, 질투하고, 잘 어울리지 못하고, 열정도 별로 없이 그냥 살면 된다. 다른 사람도 다 그렇게 사니까. 꿈은 어려워도 열정을 가지고 끝없이 정진해야 한다. 이런 노력은 오히려 감동이 되고 불씨가 된다. 열정과 노력, 기다림이 점차 열을 내기 시작하고 발화점에 이르게 된다. 말릴 수 없는 자연현상으로 불꽃이 피어 크게 타오를 것이다. 모든 에너지가 한곳으로 몰리는 현상이 기적같이 이루어지는 것이다.

경매의 기본기
: 필, 촉, 깡

> ∧
> ∧
> ∧
> ∧

앞서 경매의 기본기를 알아보았다. 그 속엔 경매의 기본적인 지식, 용어, 절차, 분석 등에 대해 기본적으로 알아야 할 것들이 있다. 물론 생소해서 쉬운 것은 아니지만 하다 보면 자연스레 알게 될 수밖에 없는 내용들이다.

그런데 정말 경매인이 갖춰야 할 기본기를 물어온다면 나는 세 가지를 말하고 싶다. 필과 촉과 깡이다. 뭔가에 강한 끌림을 받을 때 필이 꽂혔다는 표현을 많이 쓰는데, 경매에 있어 첫 번째 갖춰야 할 기본기가 필(feel)이다. 필은 너무 주관적인 감성 아닌가 반문할 수도 있을 것이다. 그런데 경매에 있어 이 필 꽂히는 일이 매우 중요하다.

경매를 하다 보면 왠지 끌리는 물건들이 있다. 이것은 우연의 일치에 기대려는 심보가 아니라, 양자역학적으로 소립자간의 끌림이 서로를 끌어당기는 힘의 현상이라 말하고 싶다. 경매의 경험이 늘어갈수록 필이 제대로 꽂힐 확률이 높다. 그렇다고 무경험자가 필이 안 꽂히는 것도 아니다. 그러므로 필을 갖추려면 직접 물건을 보고 감성을 교류하려는 노력이 필요하다. 한마디로 필은 현장에서 느껴지는 감성 소통이기에 현장을 자주 느껴봐야 한다. 필과 현장감이 일치하면 입찰을 생각한다.

다음은 촉(觸)이다. 촉은 한마디로 물건을 바라보는 관점이다. 왠지 '이거 물건이다' 싶은 촉이 올 때 도전해야 승률이 높다. 이 촉은 다양한 경험이 기초되었을 때 더 자주 많이 발현된다. 다시 말해 경매 물건들을 찾아보고 권리를 분석하다 보면 촉이 키워진다. 경험도 없고, 권리분석 같은 것은 뒤로 미뤄놓고 촉만 믿다가는 큰코다친다. 간혹 자신이 타고난 촉이 있다며 무모하게 도전하는 경우를 본다. 하지만 그런 도전은 무모한 도전일 뿐, 그 촉은 스스로 물건 분석의 노하우, 경험을 쌓으면서 연마될 수 있다.

마지막으로 갖추어야 할 기본기는 깡이다. 경매는 1등만 기억하는 세계다. 어떻게든 1등이 되어야 낙찰을 받을 수 있다. 다음 기회는 없다. 자신이 도전해야 할 기회에 단 한 번 도전해서 낙찰이 되어야 한다. 그래서 깡이 필요하다. 깡을 마지막으로 꼽은 이유가 있다. 필과 촉을 갖추고 난 뒤 필요한 덕목이기 때문이다. 가지고 있는 밑천 하나 없이 깡 하나만 믿고 경매에 뛰어들었다간 손해 보는 경매가 될 수 있고 아주 복잡한 일에 얽힐 수도 있다. 깡이란 '이거 좀 불안한데 해보자'

는 생각이 들 때 발휘하는 것이 아니다. 스스로 물건이라는 확신이 들 때 발휘되어야 한다.

예를 들어 어떤 부동산에 대해 투자가치가 있다고 판단이 되고 자신이 생각하는 수익률을 채울 믿음이 생겼을 때, 그건 반드시 1등으로 낙찰이 되어야 한다. 이때 필요한 것이 깡이다. 다른 경쟁자들을 이기기 위한 배짱 좋은 입찰 가격으로 지를 필요도 있다는 말이다. 115쪽에 나온 개발 지역의 기다란 땅에 대해 입찰할 때 감정가의 10배를 적어냈던 사건이야말로 진정한 깡이 발휘된 경우다. 다행히 그 이후 천 배의 이윤을 취할 수 있었던 것도 깡이 제대로 발휘된 덕분이라고 생각한다. 어떤 때는 최저매각가격과 아주 근소하게 입찰가로 경쟁하는 깡도 필요하다.

할인마트 경매 건

제자들과 함께 참여한 경매 건에서 필과 촉과 깡이 빛을 발했던 사례 하나를 소개한다. 정보지를 뒤적거리던 중 찾게 된 경매 물건이었는데 지하의 꽤 넓은 장소에서 운영하던 마트였다.

'마트? 어? 이거 재밌네.'

• 서울남부지방법원 본원 • 매각기일 : **2016.11.22(火) (10:00)** • 경매 9계(전화:02-2192-1339)

소재지	서울특별시 양천구 ████████		도로명검색	지도	지도	주소복사		
새주소	서울특별시 양천구 ████████							

				오늘조회: 1 2주누적: 2 2주평균: 0 조회동향			
물건종별	근린상가	감정가	2,850,000,000원	구분	매각기일	최저매각가격	결과
				1차	2016-06-15	2,850,000,000원	유찰
대지권	305.745㎡ (92.49평)	최저가	(41%) 1,167,360,000원	2차	2016-07-20	2,280,000,000원	유찰
				3차	2016-09-07	1,824,000,000원	유찰
건물면적	777.61㎡ (235.23평)	보증금	(10%) 116,736,000원	4차	2016-10-18	1,459,200,000원	유찰
				5차	2016-11-22	**1,167,360,000원**	
매각물건	토지·건물 일괄매각	소유자	김○○	매각 : 1,488,000,000원 (52.21%)			
				(입찰8명,매수인:김○○ / 차순위금액 1,462,687,800원)			
개시결정	2015-11-16	채무자	김○○	매각결정기일 : 2016.11.29 - 매각허가결정			
				대금지급기한 : 2017.01.13			
사건명	임의경매	채권자	국민은행	대금납부 2017.01.12 / 배당기일 2017.02.07			
				배당종결 2017.02.07			

자료: 옥션원

• 매각물건현황 (감정원: 성림감정평가 / 가격시점: 2015.11.27 / 보존등기일: 2007.08.13)

목록	구분	사용승인	면적	이용상태	감정가격	기타
건1	████ (5층중지하 비101호)	07.07.30	159.44㎡ (48.23평)	████마트	409,500,000원	
건2	████ (5층중지하 비102호)	07.07.30	192.18㎡ (58.13평)	████마트	493,500,000원	
건3	████ (5층중지하 비103호)	07.07.30	425.99㎡ (128.86평)	████마트	1,092,000,000원	

	토지현황		대지권의 목적인 토지		감정가격	기타
토1	████ (지하 비101호)		1338.9㎡ 중 62.69㎡		175,500,000원	
토2	████ (지하 비102호)		1338.9㎡ 중 75.562㎡		211,500,000원	
토3	████ (지하 비103호)		1338.9㎡ 중 167.493㎡		468,000,000원	

현황 위치	* ████학교 남동측 약 200m지점에 위치,본건 주위는 아파트단지,공동주택 및 단독주택,근린생활시설,중소규모의 공장,각급 학교,관공서,공원,주거용 오피스텔등이 형성되어 있으며 주위환경은 원만시됨 * 본건까지의 차량통행여건 원만시되며 인근에 노선버스정류장 및 염창전철역(9호선)까지는 도보로 약2~3분정도 거리에 있는바 대중교통수단 원만시됨 * 부정형의 토지로서 인접토지 및 접면도로와 등고평탄하며 현황 ████건부지로 이용중임 * 본건 남측으로 폭 약12m의 포장도로와 접하며 인근으로 공항로,염창로,올림픽대로,강서로,서부간선도로등과 연계되어있음
참고사항	* 외필지: ████████ * 2015.11.27.자 감정평가서에 의하면 [본건은 '집합건물의소유및관리에관한법률제1조의1항의경계표지및건물번호표지에관한규정'시행령의 제2조(경계표지), 제3조(건물번호표지)에 따른 조항을 만족하고 있지 못한 상황이며,본건 지층비101호,지층비102호,지층비103호는 기준시점일 현재 일괄 벽체구분 없이 '████마트'로 이용 중이며,추후 집합건축물대장상의 건축물현황도(호별배치도)에 의한 위치,경계확인 및 집합건물 등기사항전부증명서상의 면적 등을 통하여, 구분소유권의 객체로서 특정될 수 있다고 판단되며,임대차기간 만료시 원상회복될 수 있을 것으로 사료된다.]고 함

자료: 옥션원

그간 수익형 부동산을 많이 경험했지만 마트는 처음이었다. 그래서 신선했다. 나를 끌어당긴 호기심으로 정보지를 들여다봤다. 살펴보니 이미 5차까지 유찰이 된 물건이었고, 덕분에 가격도 많이 떨어져 있었다.

• 등기부현황 (채권액합계 : 4,773,699,246원)

No	접수	권리종류	권리자	채권금액	비고	소멸여부
1(갑2)	2008.05.09	소유권이전(매매)	김○○		거래가액:874,485,810	
2(을3)	2008.05.09	근저당	국민은행 (보문동지점)	3,900,000,000원	말소기준등기	소멸
3(을4)	2012.06.14	근저당	국민은행	500,000,000원		소멸
4(갑3)	2013.04.08	가압류	서울신용보증재단	329,349,500원	2013카단3238	소멸
5(갑5)	2014.03.18	압류	양천세무서			소멸
6(갑9)	2014.07.02	압류	서울특별시양천구			소멸
7(갑12)	2015.07.16	가압류	서울보증보험(주)	44,349,746원	2015카단42761	소멸
8(갑13)	2015.11.16	임의경매	국민은행 (특수여신관리센터)	청구금액: 2,895,969,776원	2015타경18548	소멸
9(갑14)	2016.04.27	압류	서울특별시양천구			소멸
기타사항		☞ 제지층 제비103호 건물 등기부상				
주의사항		☞ 유치권신고 있음- 유치권신고인 ████으로부터 공사대금채권 금52,400,000원(████의 공사대금 채권을 양수하였다고 함)을 위하여 본건 건물 전부(비01,비02,비03호)에 관하여 유치권이 있다는 신고(2016.11.14.자 접수)가 있으나 성립여부는 불분명함.[단,2013. 1. 10.자 임대차계약서 제7조 특약사항에 의하면 본 임대차계약은 건물의 효율적인 관리를 위해 공사대금채권에 의해 공사대금채권에 의해 건물을 점유 중인 유치권자를 임대인으로 하여(계약서상 계약자가 임대인(유치권자) ████,임대인(소유자) ████,임차인 ████ 임) 임대차계약을 체결한 것으로 임대보증금 및 월차임은 건물소유자가 미지급한 공사대금(유치권 금액)의 상환에 사용키로 하며,임차인의 임대차보증금 및 시설비 및 보수유지비에 관한 반환에 대해서는 건물 소유자 및 임대인(유치권자)가 책임진다고 기재되어 있고 위 신고서에 의하면 공사대금 잔금12,500만원에서 월차임7,260만원을 제한 5,240만원을 지급받지 못한 상태라고 신고함.]					

자료: 옥션원

위와 같은 정보를 스윽 훑어보는데 필이 좋았다. 왜? 우선 위치를 보니 주변이 단독주택과 아파트가 혼재하는 지역이었다. 일단 위치가 좋았다. 근저당권이 설정되어 있었고 인수할 것은 없었다. 다만 주의사항에 유치권 신고가 있었지만 성립 여부가 불분명하다고 표기되어 있었다. 유치권이라니 뻔했다. 이 서류에서 실내 인테리어(인테리어는 사용자가 필요해서 설치한 것, 낙찰자에 객관적 가치가 인정되기 힘든 것)라는 말이 나오자 감이 왔다.

'어라, 이거 뭔가 이상하다.'

• 임차인현황 (말소기준권리 : 2008.05.09 / 배당요구종기일 : 2016.01.18)

임차인	점유부분	전입/확정/배당	보증금/차임	대항력	배당예상금액	기타
▬▬▬ ▬▬▬	점포 전부	사업등록: 2013.04.17 확정일자: 2013.04.18 배당요구: 2015.12.30	보50,000,000원 월2,200,000원 환산27,000만원	없음	우선배당금없음	
토○○	점포 전부	사업등록: 미상 확정일자: 미상 배당요구: 없음	보50,000,000원 월2,200,000원 환산27,000만원		배당금 없음	
기타사항	\[임차인수: 2명 . 임차보증금합계: 100,000,000원. 월세합계: 4,400,000원\] ☞본건 건물은 지하 1층에 ▬▬▬라는 상호의 대형할인마트이며, 위 마트의 점장에게 문의한바, 임대차관련 자세한 내용은 모른다고 하여 안내문 교부 ☞현장에 임한 바 위 부동산 마트 점잠에게 문의하였으나, 상세한 임대차 관계는 알수 없었음 ☞전입세대 열람서상 해당주소의 세대주가 존재하지 않아 주민등록 등본을 발급받을 수 없었고, 상가건물임대차 현황서에 의해 임대차 조사작성함						

자료: 옥선원

임차인의 현황을 살펴보는데 이상한 느낌이 들었다.

점포 전부를 쓴다는 임차인의 임대가격이 모두 똑같았다. 게다가 법원 조사 당시 점장 소위 책임자가 임대차 현황을 모른다고 회피했다는 점에서 뭔가 이상하다는 촉이 왔다.

'이 큰 마트 235평에 월세 220만 원만 내고 영업한다고?'

이상한 점이 발견될수록 호기심이 동했다. 이제 현장을 통해 필과 촉을 확인하는 일이 남았다. 아무래도 마트에 대해 잘 아는 사람이 현장에 동행하면 효과가 좋을 것이란 생각이 들었고 그날로 강의에 들어가 적절한 인물을 찾았다.

"혹시 여러분 중에 마트 경험이 있거나 마트 쪽과 관계가 있는
분 계십니까?"

혹시나가 역시나였다. 신기하게도 115기 회원 중 한 사람이 손을 번쩍 들었다.

"원장님, 제가 마트를 세 개 운영하고 있습니다."
"그래요? 그럼 그 마트가 잘되는 마트인지 경매할 가치가 있을
지 알아봐줄래요?"

흔쾌한 대답을 듣고 그 길로 여기저기 전화를 걸어 그 마트에 대해 알아보기 시작했다. 일단 마트에 물건을 대주는 사람들을 찾더니 그들에게서 얻은 정보를 토대로 브리핑을 해주었다.

"물건 대주는 사람들 통해 물어보니 A급 마트로 보입니다."
"그래요? 그럼 저녁에 한번 가봅시다."

그 친구와 마트로 가보았다. 과연 위치와 규모 등이 좋았고 손님들도 꽤 많아 보였다. 함께 간 친구는 계산대에서 나가는 사람을 살펴봤다. 저녁 9시부터 찍은 숫자는 170명이었다.

"원장님, 여기 마트 문이 세 군데이니 170명 곱하기 3을 해야 합니다. 저녁 9시 이후 540명이 다녀갔다는 것은 A급 마트가 맞는다는 거예요. 여기 영업을 11시까지 하면 손님이 더 많을 수 있죠. 매출이 중요한데, 양천구 정도면 1인당 15,000원 정도 지출이 예측이 되고 물건 가격들을 보니 20% 정도 마진이 예상됩니다."

과연 전문가다운 분석에 확신을 얻었다. 임차인 현황에서 느꼈던 이상한 점도 조작된 것이란 확신이 들었다. 이제 남은 것은 1등을 하는 일이었다.

'얼마를 써야 할까?'

15명의 제자들과 함께 공동입찰을 결정한 뒤 마트의 순수익 매출 등을 고려하여 낙찰가를 결정해야 했다. 정보지에 나와 있는 보증금 220만 원은 실제보다 낮춰 작성된 것이 분명했고 알아보니 월 850만 원의 임대료를 받는다고 가정하여 계산을 해보았다.

5차까지 유찰이 된 최저매각가격이 11억 6천만 원선까지 되었으나 그 언저리로는 안 될 것 같았다. 4차로 유찰된 최저가격을 넘겨 가격을 정하기로 결정했다. 그렇게 정한 금액이 14억 8,800만 원이다. 약간의 깡이 필요했다.

그리고 우리는 1등을 차지했다. 2등과는 불과 1,400만 원 차이였다. 2등을 차지한 팀도 꽤 배짱을 부린 도전이었단 얘기다. 소유권이 이전된 뒤 우리는 기존에 임대하고 있던 임대인과 정상적인 계약을 맺었다. 보증금 1억 6천만 원에 월 임대료 850만 원이었다. 이로써 우리는 꽤 괜찮은 수익을 올리며 마트 경매의 새로운 영역을 구축할 수 있었다. 실제 투자금은 4억 5천, 수익률은 33%이었다. 경매엔 필과 촉과 깡이 필요한 법이다.

때로는 단순하게 도전하고
믿는 자가 승리한다

2021년, 학원 전문가반에 입학하고 싶다며 찾아온 회원이 있었다. 면접을 해보니 아주 묘한 기분이 들었다. 엉뚱하고 조금 순진한 것 같은 느낌이었다. 그러면서도 진지하고 들떠 있었다. 받아야 할까 말아야 할까 고심 중이었는데, 불쑥 경매 물건을 내밀었다. 무척 흥분해 있었다. 이 물건을 사면 떼돈을 번다고 했다. 가격도 꽤 저렴했다. 마침 그 방향으로 갈 일이 있어서 가는 길에 함께 살펴보기로 했다.

그 땅은 임야였는데, 한눈에 보아도 건축허가가 나지 않을 땅이었다. 고가 너무 높아서 똑바로 서서는 올라가지 못할 정도였다.

"걸어서 올라가지 못하는 임야는 선택하지 마라!"

내가 머리를 젓자, 그는 대뜸 그 땅으로 전진했다. 그리고 단숨에 정상까지 뛰어올랐다. 나는 깜짝 놀랐다.

"원장님, 두 발로 올라갈 수 없는 땅은 허가가 날 수 없다고 하셨지요? 제가 지금 두 발로 뛰어올랐습니다."

어이가 없었다. 초짜도 진또배기 초짜구나, 한숨이 절로 났다. 지금 생각해도 어이가 없다. 그런데 그 회원이 싫지만은 않았다.

초짜의 실수

"원장님, 대박입니다."

어느 날 그 회원이 시끄럽게 떠들며 정보지를 내밀었다. 귀담아듣지 않으려 해도 여러 명이 어울려 떠들고 난리가 났다.

"평당 19만 원인데 양평에 있는 땅이고 계획관리지역이에요. 아름다운 강이 훤히 보이고 뷰가 끝내줍니다. 대박입니다."

며칠이 지나 그 지역에 볼일이 있어 나가려는데, 회원들이 그때 알아본 땅이 바로 옆이라며 같이 봐달라고 했다. 정보지를 자세히 보니, 평당 19만 원이 아니라 190만 원이었다. 웃음이 나올 수밖에 없었다. 내가 봐왔던 땅이었기 때문이다. 이처럼 어이없는 일들이 반복되자 이렇게 충고했다.

> "자네는 실력이 없으니 차라리 좀 쉬운 집이나 공장 같은 것을 해보는 건 어떻겠나?"

그리고 얼마 지나지 않아 이번에는 공장을 들고 왔다.

> "원장님, 이번에는 틀림없습니다. 많이 남지는 않지만 3~4억 은 남을 것 같아요. 사건번호 2020타경 ○○○○에 도전하기로 했습니다."

김포 송마리에 있는 공장이었다. 어라? 살펴보니 이번 건은 정말 괜찮아 보였다. 자세히 조사해보니, 3~4억 남는다는 말이 그럴듯했다. 찍어 온 사진으로 보건대 공장 상태, 층고, 도로, 시세 등도 쓸 만했다. 드디어 그 회원에게도 동의의 말이 나왔다.

> "그래, 한번 해봐! 흥분하지는 말고, 5천만 원 정도 낮춰서 입 찰해봐."

결전의 날, 승전의 소식을 전해왔다.

"원장님 덕분에 1천만 원 차이로 1등 했습니다."

저녁에 축하 파티가 열리고 난리가 났다. 무척 부지런히도 다음 날 공장 주인을 만나러 간다고 출발했던 회원이 저녁에 다시 나타났다. 물건을 잘못 보고 샀다는 것이다. 바로 옆에 있는 공장으로 착각을 했다는 것이었다. 황당한 소리를 아무렇지 않게 하는 것이 참 신기했다.

예기치 않게 찾아온 작은 기적

"진짜 공장에는 다시 가봤나?"
"예, 갔다 왔습니다."
"그래서 그 공장은 어땠어?"
"그게…… 더 좋은 것 같아요."

슬쩍 내미는 사진을 보니, 이게 웬일인가? 정말 건물 상태, 층고, 도로가 더 좋은 것 같았다. 참 세상은 요지경이다. 적어도 이 회원에게는 요지경이 확실하다. 놀라운 일은 두 달 만에 2억 8천을 남기고 공장을 매도했다는 것이다. 이어서 다른 공장에도 입찰했는데, 2021년 8월에

추가로 낙찰받은 공장은 한 달 만에 2억 7천을 남기고 매매했다. 나도 할 수 없는 일이었다.

마지막으로 가장 황당한 소식은, 이 회원이 지금은 우리 회사에서 판매팀 팀장을 맡고 있다는 것이다. 실적이 타의 추종을 불허하며 작은 기적을 달성해가고 있다.

어이없다, 황당하다는 말이 여러 번 나왔지만 사실 이 회원의 성공 비결은 엄청 부지런하다는 것이다. 단순하고 무식하게, 자기가 믿고 싶은 사람을 쉽게 믿지만 믿음의 선택이 탁월했다.

"얼마에 사면 얼마를 언제까지 남겨줄게."

방문한 부동산에서 하는 얘기에 믿음이 생기면 바로 실행한다. 부지런하고, 선택에 주저함이 없고, 가능성을 열어둘 줄 알고 실행력이 좋다.

현장에서 있는 그대로의 이야기를 들려주고 싶었다. 때로는 단순하게 도전하고 믿는 자가 승리한다.

제 2 장

타의 추종을
불허하는
경매꾼으로
거듭나기

1등으로 낙찰하는 일에 집중해야 했다.
1등을 못 하면 아무것도 아닌 무로 돌아가기 때문이다.
경매 인생 수십 년인데, 지금도 입찰에 참여할 때마다
입찰 가격을 얼마로 정해야 할지가 관건이 되곤 한다.
물론 낙찰이 된다는 전제가 먼저지만 결코 입찰가를 함부로 생각해선 안 된다.
동등한 선상에서 놓고 고려해야 한다.
잘못하다가 손해 보는 장사를 할 가능성이 아주 크기 때문이다.

경매의 거장으로
우뚝 서게 만든 비법

경매인으로 입문할 때는 기본적인 부동산 매매 원리를 아는 것만으로도 충분하다. 어느 정도 경매의 기본기를 갖춘 뒤엔 더 높은 경지를 생각해야 한다. 전문가가 되려면 뭔가 다른 마음가짐이 필요하다. 자격이나 자본을 말하는 것이 아니다. 마음가짐, 어떤 생각으로 바라보느냐의 관점의 문제다.

흔히 꾼이라는 말을 들어봤을 것이다. 어떤 일을 10년 이상 지속하면 전문가라는 수식어가 붙지만 시간보다는 남다른 표식을 가진 전문가가 될 때 지속가능성이 커진다. 경매에서도 그렇다. 경매의 기본기를 배우면서 경매의 패턴이 있음을 알 것이다. 그런데 경매만큼 변화무쌍한 세계가 없다. 건마다 변수가 다르기 때문이다. 함께 경쟁하는 이들이 다르고, 물건의 종류와 조건이 모두 다르다. 숨 막히는 두뇌 싸움, 보이지 않는 전쟁을 통해 물건을 가린다. 그리고 1등을 가리지 않는가.

이런 판에서 즐기며 즐겁게 일하려면 남다른 비법이 있어야 한다. 경매라는 분야에 처음 도전하고 30여 년이 지난 지금까지 나의 노하우도 조금 빛이 바랬을 것이다. 주변의 상황이 환경이 변했기 때문인데, 한 가지 변하지 않은 점을 꼽는다면 '호기심'이다. 이 호기심은 곧 사고의 힘을 길러준다. 그것이 경매 인생에 중요한 자양분이 되었음을 확신한다.

꾼의 전문성

말로만 번지르르한 사람은 결국은 밑천이 드러나기 마련이다. 경매는 특히 그렇다. 아무리 무한한 가능성을 꿈꿔본다지만 부동산에 대해 문외한이면 어떨까. 결과는 허황된 공상과 망상이 될 뿐이다. 창조는 전문성을 전제로 한다. 경매로 새로운 가치를 창조하려 할 때도 전문성이 절대적이다. 전문성을 키우는 것이 제1과제라 해도 과언이 아니다. 어떻게 전문성을 키울까.

먼저 자신이 제일 잘 아는 지역을 선정해야 한다. 지역의 바운더리도 넓지 않게 시작한다. 예를 들어 영등포 일대, 동대문, 일산, 파주 등 자신이 가장 잘 아는 지역 중 한 곳을 선택한다. 예를 들어 파주를 설명해보자. 파주에 대한 지번도가 있다. 보통 한일지도 25cm×40cm로, 100여 쪽 정도의 방대한 분량이다. 이제 각 쪽에 대한 토지 가격을 매겨보는 것이다. 할 수 있겠는가. 아마 전문성을 키우는 일이라면 이 일부터 시작하면 될 것이다.

1쪽은 평당 250만 원, 2쪽은 180만 원, 3쪽은 150만 원 등 아주 정확히 알고 있을 때 그것부터 전문성의 시작점이 된다. 이제 가격을 알게 되면 왜 그런 가격이 나오는지 원인과 이유를 찾아봐야 한다. 자세히 들여다보면 가격이 정해진 이유를 알 수 있다.

유동 인구가 많아서, 집이 많아서, 이동 차량이 많아서, 발전 가능성이 있어서, 경치가 좋아서, 도시와 근접성이 좋아서 등 여러 이유가 있을 것이다. 이를 알기 위해서는 내비게이션을 장착하고 지도를 가지고 체험하며 현장을 돌아보아야 한다. 지도로 찾는 것이 내비게이션을 갖추고 가는 것보다 10배 이상의 효력이 있다. 수련 기간이 길수록 유리하다는 뜻이다. 예상컨대 3~6개월은 다녀봐야 할 것이다. 상가, 주택, 빌라 모두 비슷하다. 가장 자신 있는 분야, 관심 있는 분야를 타이트하게 잡고, 적어도 그 부분에 대해서는 꿰고 있어야 한다. 이러한 전문성이 바탕이 되어야 다음 단계로 넘어갈 수 있다.

방법은 경매로 나온 물건 중 관심 있는 것부터 찾아나서는 것이다. 수많은 조사, 예측, 결과를 반복하다 보면 자연히 자신의 가격이 정해지는 것이다.

꾼의 생각법

전문성이 어느 정도 갖춰지면 생각하는 방법을 바꿔야 한다. 경매 고수가 되려면 호기심을 장착하고 있어야 한다. 그 호기심은 다양하게 발현되어야 고수의 호기심은 '왜?'와 '아하!'로 이어져야 한다.

Think out of the box.

이 말처럼 박스 밖으로 나가서 생각하게 될 때 경매의 신세계가 열린다. 지금껏 수많은 경매를 경험하면서 대박을 안겨준 몇몇의 경험을 돌아보면, 박스 밖으로 나가서 생각하고 결정했을 때였다.

"원장님, 이건 좀 아닌 것 같아요."
"이건 정말 복잡해서 도전하면 안 됩니다."
"아니 왜 거길?"

이런 반응이 나오던 때가 있었다는 것이 신기할 정도다. 물론 다수의 의견에 귀 기울지 말란 얘기가 아니다. 함께 고민하고 의견을 교류하는 것이 맞는데 필과 촉이 왔을 때는 오히려 귀를 닫고 생각의 폭을 넓혀야 한다. 경매인이 놓지 말아야 할 생각은 다음과 같다.

- 세상의 안목을 의심한다.
- 감정평가사의 평가를 의심한다.
- 정보의 연결 고리를 생각한다.
- 사물이나 정보의 형태를 고정하지 않는다.
- 다른 사람이 되어 생각한다.

다른 사람이 되어 생각할 땐 구체적이어야 한다. 성공한 또는 위대한, 존경하는 사람의 입장에서도 생각해보고 우주인이 되어 생각할 수도 있어야 한다. 물건이 된다는 확신이 들기 전까지는 생각을 멈추지 않아야 한다. 기존의 자료는 검토하되 그 정보를 100% 믿어서도 안된다. 그 정보가 고정관념이 되어 더 넓은 생각을 하지 못하도록 막을 때가 많다. 서류 속에 숨겨진 것들을 봐야 하고 흩어져 있는 정보들을 조각조각 연결시켜 큰 그림을 보려고 노력해야 한다. 왜 이곳이 관리지역이지. 농림지역이 마땅한데 하는 생각을 하라.

경매에서 조심해야 할 것은 은행권의 평가, 감정평가사의 평가액이다. 지금까지 경험한 바에 의하면 평가액에 대해서는 회의적인 입장이다. 참고로 지금까지 경매를 진행하면서 감정평가액과 비슷하게 입찰해서 낙찰받은 케이스가 손에 꼽힐 정도다. 그만큼 탁상행정이 태반이다. 보고서를 위한 일을 하고 있어서다. 모두 그렇다는 것은 아니지만 중요한 포인트라 생각한다.

현장에 가서 주변 상황을 알아보고 동네 주민들도 만나보고 관련 서류들도 떼어보면서 전체적인 정보로 생각을 정리해야 한다. 그때야 적절한 가격도 나올 수 있고, 미래의 가치를 산정할 수도 있다.

감정평가액에 5,300만 원으로 기재된 땅을 5억 3천만 원에 낙찰받고, 그 땅이 개발되어 엄청난 이익을 얻었던 나의 잊지 못할 경험은, 생각의 틀을 깨는 것이 얼마나 중요한 것인지 알게 해주었다. 감정평가사는 3m 폭의 200m가 넘는 긴 도랑으로 보고 평가했다. 개발 시 전체 땅을 가로지르는 것 등은 안중에 없었다. 그는 이 땅 없이 개발이 불가능하다는 생각은 아예 하지도 않았으리라. (이 사례는 115쪽에서 이 사건에 대해 자세히 다루고 있다.) 그 이후 나는 갖가지 평가서를 볼 때 먼저 의심했고, 끊임없이 호기심을 갖고 탐구했다.

경매의 분야에서 꾼으로 거듭나려면 다르게 생각해야 한다. 뒤집어서 생각해볼 줄 알아야 한다. 안 된다는 고정관념을 버리고 왜 안 된다고 생각할까 그 이면엔 어떤 정보가 있을까 호기심을 갖고 전투적으로 생각해야 한다.

가끔 하늘을 본다. 하늘에 해와 달, 밤하늘 스러져가는 별들, 그리고 너를 생각한다. 뉴턴을 넘어, 아인슈타인을 건너, 양자물리학 시대를 맞이한다.

우리는 뉴턴에 머물러 있다. 대다수 만족하고 산다. 잠을 자고 아침을 맞이하고, 출근하고, 일하고, 퇴근하면 차나 술 한 잔을 하며 채널을 켠다. 똑같은 일상이다. 같은 채널에선 같은 정보만 쏟아진다. 뉴턴의 정보와 정신에서 한 걸음도 나가지 못한다. 원자를 연구하는 것이 양자물리학이다. 중학교 때 들었던 에너지 불멸의 법칙을 생각한다. 벌써 60년 된 얘기다. 밤하늘의 저 별들, 우리는 그것들의 빛을 바라볼 수 있지만, 그 별들은 이미 죽었을 수 있다고. 과학 선생님의 말씀은 신기하기만 했다. 내 생활은 나를 고정시키고, 내 돈은 나를 안락사에 가깝게 했다. 체면은 나를 편안케 했다.

과학은 또 다른 우리를 얘기하고 원자의 불멸, 시간, 공간 초월, 영생을 말하는데 우리 정신세계는 생로병사에 매달려 있다. 그러나 물론 세상의 변화, 발전은 과학 하나로만 설명할 수 없다. 철학, 예술, 대중의 참여가 유기적으로 융합해야 삶의 방식이 변할 수 있으므로. 인간의 정신세계, 뇌의 활동, 마음은 미시세계인가 거시세계인가? 진지하게 생각해야 할 때다. 첨단AI 스마트폰, 양자컴퓨터의 발전은 충격으로 다가온다. 저런 창조가 양자물리학이라니. 더욱 무지한 나를 발견한다.

나폴레옹 같은 영웅의 승리는 정신의 승리인가 힘의 승리인가? 성웅 이순신은 정신세계는? 누구도 그들의 정신세계를 함부로 보지 않는다. 정신세계는 미시세계다. 눈에 보이지 않는 원자와 양자의 세계다. 물질이기도 하고 파동이기도 하다. 우리는 그것을 자유로이 활용할 수 있다. 양자는 도약한다. 우리는 언제나 도약할 수 있다. 찰나에 미래를 볼 수 있다. 성공한 사람은 이유가 있다. 많은 시련을 겪고 성공한 사람은 정신세계가 남다르다. 정신력이 성장했기 때문이다. 훈련의 힘이다. 정신의 스승이 있는 사람은 성공할 확률이 높다. 재벌집에서 살아온 사람들은 부자의 정신을 물려받게 된다. 환경에서 훈련받았기 때문이다.

부동산에 대한
고정관념을 깨트려라

^

^ ^

^ ^

^ ^

이상하게 부동산에 대한 고정관념이 있다. 지금 나열하는 내용 중에 자기도 모르게 고개를 끄덕이고 있다면 그 고정관념부터 깨뜨리길 바란다.

- 빌라는 구매한 날로부터 가격이 떨어진다,
- 아파트의 1층은 사면 안 된다.
- 땅은 네모반듯한 땅을 사야 한다.
- 수익형 상가의 경우 후미진 장소는 피해야 한다.

옛말 틀리지 않는단 이유로 부동산에 대한 고정관념을 가지고 있다 보니 경매를 할 때도 차 떼고 포 떼다가 아무것도 못 한다. 이건 이래서 싫고 저건 저래서 꺼려지고 그러다 보면 시도도 못 한 채 짝사랑만 하다가 끝난단 말이다. 게다가 이 고정관념들은 맞는 말도 아니다. 물건을 바라보는 관점이 바뀌고, 다르게 개발할 아이디어가 있다면 어떤 것도 도전할 가치가 있다.

경매를 하면서 아파트 경매도 꽤 여러 건 했는데 솔직히 아파트의 경우 토지와 달라 개발이나 도시계획 등과는 거리가 멀기 때문에 대박을 내는 일은 드물다. 대신 안정적인 수익을 기대할 수는 있다. 아파트 경매의 경우 다양한 층수와 다양한 위치, 다양한 스토리 등이 숨어 있는데, 워낙 1층에 대한 고정관념이 강하다 보니 1층 경매가 경쟁력이 있는 경우가 있다. 실제 나의 경우 1층을 공략해서 괜찮은 수익을 올렸다.

1층 아파트 경매 도전기

도전한 아파트는 파주의 한 아파트다. 20층 아파트의 1층과 15층 집이 동시에 나온 경우였다. 당시 가지고 있는 돈이 많지 않았다.

'1층인데 괜찮을까? 어차피 월세 받아서 2년간 가지고 있다가 되팔아야 하는데, 1층 임대를 들어올 사람이 있을까? 나중에 되팔 때 어렵지 않을까?'

이런 생각이 없었던 것은 아니다. 한편 15층으로 사람들이 몰릴 가능성도 꽤 커 보였다. 그렇다면 남들이 덜 도전할 것 같으면서도 싼 가격으로 1층에 도전해볼까 하는 생각이 들었다.

등기부 현황을 살펴보니 은행에 근저당권이 설정되어 있고 인수해

2015타경■■■■■ •의정부지법 고양지원 • 매각기일: **2016.02.25(木) (10:00)** • 경매 10계(전화:031-920-6322)

소재지	경기도 파주시 ■■■■■■■■■			도로명검색 D지도 ⓚ지도 ➟주소 복사			
새 주소	경기도 파주시 ■■■■■■■						

물건종별	아파트	감 정 가	255,000,000원	오늘조회: 1 2주누적: 1 2주평균: 0 조회동향			
				구분	매각기일	최저매각가격	결과
대 지 권	71.064㎡(21.5평)	최 저 가	(70%) 178,500,000원	1차	2016-01-14	255,000,000원	유찰
				2차	2016-02-25	**178,500,000원**	
건물면적	110.122㎡(33.31평)	보 증 금	(10%) 17,850,000원	매각: 228,110,000원 (89.45%)			
매각물건	토지·건물 일괄매각	소 유 자	이○○	(입찰15명,매수인:■■■■■■■ / 차순위금액 226,484,842원)			
개시결정	2015-03-05	채 무 자	이○○	매각결정기일: 2016.03.03 - 매각허가결정			
				대금지급기한: 2016.04.01			
사 건 명	임의경매	채 권 자	한국스탠다드차타드은행	대금납부 2016.04.01 / 배당기일 2016.04.29			
				배당종결 2016.04.29			

자료: 옥션원

• **임차인현황** (말소기준권리: 2006.07.12 / 배당요구종기일: 2015.06.10)

임차인	점유부분	전입/확정/배당	보증금/차임	대항력	배당예상금액	기타
김○○	주거용 1층일부 (방1칸)	전입일자: 2014.11.11 확정일자: 2014.11.25 배당요구: 2015.06.08	보30,000,000원	없음	소액임차인	
진○○	주거용 1층일부 (방1칸)	전입일자: 2008.11.20 확정일자: 2014.11.20 배당요구: 2015.06.08	보30,000,000원	없음	소액임차인	
기타사항	임차인수: 2명 , 임차보증금합계: 60,000,000원					
	☞조사외 소유자 점유 ☞현장 방문시 아무도 만나지 못하였고, 주민등록표에는 소유자와 ■■■■■■■등이 등재되어 있으므로 점유관계 등은 별도의 확인요망					

자료: 옥션원

야 할 임차인 관계도 없는 깨끗한 물건이었다. 한 차례 유찰되었던 터라 감정가도 70%까지 떨어져 있었다.

다만 임차인 현황을 살펴보는데 모두 대항력이 없었지만 소액임차인으로서 어느 정도 배당이 가능한 상황이었다. 낙찰자가 떠안아야 할 부분은 없단 의미였다.

그다음은 현장에서 직접 주변을 둘러볼 차례였다. 현장을 나갔는데 파주 땅에 들어선 아파트는 거의 새것이었고 무엇보다 지금과는 달리 조용하고 자연 친화적인 공간이었다. 느낌이 좋았다. 아파트 주변을 다니며 동네 주민들을 살펴보는데 청년층보다는 장년층, 나아가 노년층의 수요가 더 많아 보였다.

'그래, 나이가 좀 있는 사람들은 1층을 싫어하지 않는다. 1층은 걷기에도 좋고 아파트 내 조경도 감상할 수 있는 장점이 있지 않은가.'

마음을 먹고 1층 경매에 도전했다. 입찰에 참여한 팀은 15팀이나 되었다. 운 좋게 괜찮은 가격으로 낙찰받을 수 있었는데 차순위와 1,625만 원 차이였다. 참여한 팀은 많았지만 요행을 바랐는지 가격을 높게 쓴 사람은 없었다. 이 경매는 1층만이 갖는 색다른 매력이 있었던 경우다.

800만 원으로 3억 원대 아파트 낙찰받기

시세 3억 원대 아파트를 2억 3천만 원 정도로 낙찰받았으니 괜찮은 성적이었다. 이제부터 내가 예상한 대로 일이 진행되어야 했는데 그러려면 우선 이 집에 임차인을 잘 구하는 것이고, 현재 세입자들을 잘 인도해야 하며, 계산한 대로 월세를 잘 받아야 했다.

우선 두 명의 임차인은 배당금은 없어도 소액임차인으로서 우선변제를 받게 될 것이기에 인도하기에 용이하다. 또한 이미 임장 활동을 통해 인근 부동산과 세입자를 구하는 일이 어렵지 않음을 알 수 있었다. 낙찰과 함께 임차인을 내보내면서 새로운 세입자를 보증금 2천만 원에 월 90만 원 월세로 구할 수 있었다. 1층이었기에 상대적으로 프라임 층보다는 가격을 조금 낮추었지만 수익률을 계산하면서 고려한 부분이었기에 문제없었다.

〔낙찰가〕 2억 2,811만 원

〔순투자〕 2억 2,811만 원 - 2억 원(대출) - 2천만 원(보증금)

＝ 811만 원

〔순이익〕 90만 원×12개월＝1,080만 원 - 60만 원(대출이자 3%)

＝ 480만 원

〔이익률〕 480만 원÷811만 원×100＝59.1%

* 1가구 1주택의 경우 취득세 1%를 납부해야 한다.

60%의 수익률이라면 엄청 괜찮은 것이었다. 일단 양도세의 문제가 있기에 2년 정도는 소유하면서 연 480만 원의 이익을 얻으면 된다. 그러고 나서 매매에 나서면 된다. 이미 3억 넘는 아파트 가격이 조성되어 있기 때문에 2년 뒤 3억 정도에 내놔도 이 경매는 성공한다.

이미 매매 차익만 해도 7천만 원이 넘어선다. 그렇다면 순이익 7천만 원을 실투자액 800만 원으로 나누어 백분율로 표시하면 887% 수익률이다.

1층이라고 해서 무시했다가는 큰코다친다. 제반 조건을 살펴보고 충분히 임대 가능하다고 판단되거나, 가격이 몇 차례 떨어져서 가격 경쟁력이 있거나 하면 1층도 괜찮은 물건이 될 수 있다.

경매인이 꼭 가져야 할
통찰력과 통제력

^
^ ^
^ ^
^

"애개…… 겨우 20% 수익률밖에 안 돼요?"

공동입찰을 진행하면서 많은 이들과 만나 경매를 하는데, 간혹 20% 수익률에 대해 이렇게 아무렇지 않게 이야기하는 경우를 만날 때면 속이 탄다.

"금융권 이자율이 얼마나 되는지 알죠? 그에 비하면 아주 높은
수익률인데…….."
"그래도 이건 투자잖아요."
"그래요? 그럼 얼마나 수익을 예상했나요."
"한 두세 배? 하하."

민망한지 웃음으로 얼버무리는데, 본인도 아는 것이다. 그런 일이 일어날 가능성이 아주 희박하다는 사실을. 그때 해주는 말이 있다.

> "투자라고 하니까 하나 물을게요. 그럼 손해 볼 것도 생각하겠네요."
>
> "네? 에이, 그건 안 되죠."
>
> "왜요. 경매도 투자라면서요. 투자는 대박 날 수도 있지만 쪽박 찰 수도 있는 거잖아요."
>
> "……."

몇 배 수익이 나는 것은 좋지만 손해 보는 일은 절대로 안 하겠다는 심보다. 지금도 경매를 배우겠다고 오는 사람 중에 이런 마음을 갖는 사람들이 있다.

경매인이 갖춰야 할 기본기 중 중요한 것이 절제다. 계산 잘한다고 경매에 성공하는 것도 아니다. 통찰력 있게 물건을 보고 포기하지 않고 도전하되 욕심을 절제할 수 있는 통제력이 필요하다. 다르게 말해 과욕을 부려선 안 된다는 말이다.

경매는 특성상 상대적으로 수익률이 아주 높아질 것이라 착각하는 경우가 많다. 마치 로또에 당첨되는 행운을 기대한달까, 수익률은 언제나 적절히, 자신이 원하는 수준에 맞추어졌을 때 스톱할 수 있는 절제력이 경매의 생명을 길게 이어준다.

물론 지금처럼 경매가 대중화되지 않았을 때의 수익률은 훨씬 높았다. 상대적으로 경쟁자가 적었고 여러 규제도 느슨했기 때문이다. 지금은 그때와 비교해선 안 된다. 경쟁자는 많아졌고 규제도 강해졌으며 정보가 너무 빨라졌다. 녹록지 않은 경매의 세계에서 절제는 더욱 중요해졌다. 그러므로 성공적인 경매를 하려면 절제의 기술을 잘 익혀야 하는데, 그러려면 자기 자신에 대해 잘 파악하고 자신만의 기준을 가지고 있어야 한다.

얼마나 수익을 낼 것인가

얼마나 수익을 올릴 것인가.

경매를 하겠다고 결정을 내리면서 염두에 두어야 할 점이다. 확실한 수익을 낼 요량으로 도전하는 일이라면 더욱 그렇다. 그저 돈이 좀 된다고, 수익률이 높다고 하니까 해보는 식은 곤란하다. 물건에 대한 확신이 섰을 때 스스로에게 물어야 한다.

'이 경매를 통해 나는 얼마의 수익을 남기고 싶은가. 어느 정도의 수익을 남겨야 후회하지 않을 것인가.'

처음엔 감도 잘 오지 않아 무조건 많이 남기려고 계산기를 두드려보는데, 그러다 보면 적절한 낙찰가를 훨씬 밑도는 금액을 생각하게 된다. 낙찰 후 들어올 수익은 인위적으로 올리기 힘들기 때문이다. 예를 들어 월세 100만 원이 들어오는 수익형 상가의 경우, 낙찰을 받았다고 해서 한 달 수익을 몇 배로 올릴 수는 없는 일이다. 적절한 가격에서 이미 형성된 임대 관계이기 때문이다. 그러므로 수익률에 대한 기대치를 조금 낮추어 낙찰이 되게끔 하는 것이 훨씬 현명하다.

수익률에 대해 생각할 때는 토지경매, 주거형 부동산, 수익형 부동산 등에 따라 차등을 두어야 한다. 토지의 경우 이윤을 남기고 매각하는 경우를 생각하기에 자금 회수의 시간을 염두에 두어야 한다. 이 경우 다달이 수익을 올릴 수 있는 구조가 아니기에 대출이자를 지불할 수 있는지 등을 고려하여 결정한다. 주거형이나 수익형 부동산의 경우에는 보통 양도세 중과세를 면하는 2년의 기한을 두고 수익을 따져보아야 한다.

땅과 건물의 수익률 산법이 다른 이유가 뭘까. 땅은 아파트나 빌라 등과는 달라 얼마에 사야 할지 언제 팔릴지 알기 어렵다. 아파트나 빌라는 이미 구체화가 되어 있다. 이미 결정된 물건이기에 주변 시세대로 사고팔면 된다. 반면 땅은 추상적이다. 이 땅에 어떤 행위를 하느냐에 따라 가치가 바뀐다. 그래서 땅을 정복할 수 있는 사람이 전문가의 반열에 선 사람이라 말할 수 있다.

수익률 계산하기

수익률 계산법은 간단하다. 부동산을 취득함으로써 얻을 수 있는 연 총소득(10만 원)을 투자금(100만 원)으로 나눈 뒤 백분율로 표시하면 기대 이익률이 된다.

10만 원(소득) ÷ 100만 원(투자금) × 100＝10%

예를 들어 1년에 1억 원을 실투자하여 1년 500만 원의 수입이 있는 상가를 경매로 얻었다고 해보자. 이런 경우 수익률은 얼마나 될까? 이 경우엔 5% 수익률이 생긴다.

토지를 1천만 원 들여 경매로 샀다고 해보자. 이때 실제 투자한 돈은 대출받은 75%를 제외한 250만 원이다. 1년 뒤 이 토지가 1,600만 원에 팔렸다. 이것저것 세금과 이자를 제하고 나니 1,500만 원이 되었다. 이때의 수익률은 어떻게 될까. 1년간 총소득은 500만 원, 투자금은 250만 원이니 500만÷250만×100＝200%, 수익률이 아주 좋은 토지 경매를 한 것이다.

경매는 도전하기 전에 수익률을 먼저 계산해보고, 이런 경우 저런 경우의 수를 고려해서 결정해야 한다. 그래야 다양한 경우를 대비할 수 있고 실수할 확률을 덜 수 있다.

이제 조금 더 구체적으로 들어가서 계산하는 방법을 알아보자. 수익형 부동산, 즉 상가건물 등에 투자하는 경우 수익률에 대해 잘 따져보아야 한다. 먼저 지출할 부분과 수입으로 들어올 부분을 검토해보면 다음과 같다.

[지출]

- 낙찰 대금 (은행 대출 포함)
- 대출에 따른 이자
- 낙찰 이후 취·등록세

[수입]

- 상가보증금
- 월 임대료

예를 들어 어느 상가가 있다. 이 상가의 감정가가 1억 원 언저리이고, 1년 월세가 1천만 원 정도 들어온다고 하자. 이 상가 경매에 나서려고 할 때 얼마를 낙찰가로 정하는 것이 적당할까. 만약 1억 1천만 원에 낙찰가를 쓴다고 하면 실제 투자금은 3천만 원 정도가 될 것이다. 신용등급에 따라 다르지만 은행 대출의 경우 낙찰가의 70~80%까지 가능하기에 은행에서 연 4%로 8천만 원을 빌린다. 이 상황을 두고 계산해본다.

[낙찰가] 1억 1천만 원

[실투자] 1억 1천만 원－8천만 원(대출)＝3천만 원

[수익금] 연 1천만 원(보증금이 있다면 합한다.)

[순이익] 1천만 원÷3천만 원(실투자금)×100＝33%(순이익률)

이런 경우 확실히 낙찰을 받고 싶다면 낙찰가를 조금 더 높게 조정할 수 있다. 만약 낙찰가를 1억 2천만 원으로 조정한다면, 수익률 계산이 달라진다.

〔낙찰가〕 1억 2천만 원

〔실투자〕 1억 2천만 원 - 8천만 원(대출) = 4천만 원

〔수익금〕 연 1천만 원

〔순이익〕 1천만 원 ÷ 4천만 원(실투자금) × 100 = 25%(순이익률)

이처럼 수익률은 낙찰가에 의해 변동된다. 수익률이 낮아지는 것을 감안해서라도 물건을 잡고 싶다면 낙찰가를 높여서라도 잡아야 하며 자신이 원하는 수익률에 어느 정도 맞는다면 그 선에서 낙찰가를 유동적으로 조절하면 된다. 단, 수입률이 대출 이자율보다 높아야 한다는 사실을 잊지 말자.

싸움에서 승기를 잡는
조건들

^
^
^
^

20년 전의 일이다. 그때 토지와 건물 중 건물만 경매로 나온 경우가 있었다. 가격이 싸다는 이유에 혹해서 건물을 취득했는데 소송 3년 만에 완패했다. 이 일은 개인적으로도 충격이었고 엄청난 공부가 된 부분이기도 하다. 남다른 경험을 했던 탓에 지금은 이 부분에서는 타의 추종을 불허한다.

실제로 제자들 10명과 함께 도전했던 경매에서 소송까지 불사하며 법정지상권 성립 무효 소송을 걸어 이겼고, 그것을 필두로 지금까지 수십 번의 경험을 하며 배우고 부딪히면서 법정지상권에 대해서는 백전백승했다.

경매의 고수로 가려면 반드시 법정지상권의 고개를 넘어야 한다. 그래서인지 법정지상권의 유무가 중요하다며 법전과 판례를 뒤지며 공부하는 이들이 많다. 변호사들도 갑론을박하며 의견이 난무하다. 일례로 몇 달 전 유동화 전문회사에서 법정지상권 문제가 있었는데 꽤 복잡하게 얽힌 사건이었다. 전직 판검사 출신 변호사 여섯 명이 모여 토론을 하는데, 그중 세 명은 법정지상권이 있다, 나머지 세 명은 법정지상권이 없다로 나뉘었다. 변호사들도 이런 식이니 법정지상권이 더욱 어렵게 느껴지나 보다.

지금까지 이렇게 말하는 전문가는 없었겠지만, 백전백승하는 내 의견을 말하자면 무조건 법정지상권은 '없다'이다. 다만 싸움에서 무조건 이기려면 아래와 같은 조건을 선택해야 한다.

- ● 토지와 건물 중 무조건 토지를 선택한다.
- ● 건물의 가치가 높을수록 토지경매에 도전한다.
- ● 저당권으로 실행되는 물건이어야 한다(임의경매).

그렇다면 법정지상권에 얽힌 토지경매에 도전할 때 왜 확실하게 돈을 벌 수 있을까? 일단 토지를 저렴하게 살 수 있기 때문이다. 토지 위에 건물이 있기에 대부분 이런 경우를 기피하기 때문에 싼값에 토지를 매입할 수 있다.

두 번째로는 건물에 대한 가치가 땅 소유주에게 절대적으로 유리하기 때문이다. 만약 건물의 가치가 10억이라 하면 10억 건물을 땅 주인이 철거할 권리가 있다. 건물 거주자는 전원 퇴거해야 한다. 따라서 건물주는 결국 토지를 매입해야 한다. 이때 토지주는 충분한 이익을 남기고 매도하면 된다.

협상이 늦어져도 상관없다. 그동안 지료를 3~4% 이율로 받을 수 있다. 이 일이 소송으로 진행될 경우 보통 5~6개월이면 철거 명령, 퇴거 명령, 부당이득반환 판결을 받을 수 있다. 이렇게 되면 합의보다 더 큰 이익을 남길 수도 있다. 그러므로 경매 고수가 되려면 법정지상권 정복이 필요하다.

경매의 고수로 가기 위해 넘어야 할 법정지상권

이번에 이야기할 물건은 땅만 경매로 나온 케이스였다. 곧바로 토지 분석에 들어갔다. 그런데 계획관리지역, 제한보호구역과 같은 말들이 보였고, 결정적으로 참고 사항을 보니 법정지상권 분쟁이 있다는 것을 알 수 있었다. 공사 99%까지 진행된 3층짜리 건물이 세워져 있었다.

이 정보지에 대한 분석을 해보자. 토지 정보를 보면 '계획관리지역'이란 표현이 나온다. 우리나라 토지 용도는 크게 4가지로 나눌 수 있다. 농림지역, 관리지역, 도시지역, 자연환경보전 지역이다. 이중에서 건축허가 여부를 따져보아야 한다. 농지라도 다 같은 농지가 아니듯, 농림지역에 있는 농지와 관리지역에 있는 농지의 경우 관리지역에 있는 농지만 건축행위를 할 수 있다. 이 토지는 관리지역에 있는 농지이기에 건축이 가능했다. 이에 대해 자세히 살펴보려면 토지이용계획확

• 의정부지법 고양지원 • 매각기일 : 2015.02.16(月) (10:00) • 경매 4계(전화:031-920-6314)

소 재 지	경기도 파주시 ▮▮▮▮▮▮▮▮▮▮▮ [도로명검색] [🅳지도] [지도] [🄼주소복사]				
물건종별	농지	감 정 가	202,884,140원	오늘조회: 1 2주누적: 1 2주평균: 0 [조회동향]	

					구분	매각기일	최저매각가격	결과
토지면적	249.26㎡(75.4평)	최 저 가	(70%) 142,019,000원		1차	2015-01-13	202,884,140원	유찰
건물면적	건물은 매각제외	보 증 금	(10%) 14,201,900원		2차	2015-02-16	142,019,000원	

매각 : 152,900,000원 (75.36%)

매각물건	토지만 매각이며, 지분 매각임	소 유 자	김○○

(입찰1명,매수인:▮▮▮▮신○○)

매각결정기일 : 2015.02.23 - 매각허가결정

개시결정	2014-05-27	채 무 자	김○○

대금지급기한 : 2015.03.27

대금납부 2015.03.19 / 배당기일 2015.04.14

사 건 명	강제경매	채 권 자	김○○

배당종결 2015.04.14

관련사건	2014타경33594(중복)

자료: 옥션원

• 매각토지.건물현황 (감정원 : 홍의석감정평가 / 가격시점 : 2014.06.10)

목록		지번	용도/구조/면적/토지이용계획	㎡당 단가 (공시지가)🅱	감정가	비고
토지	1	당하동 201-20	계획관리지역,군사기지및군사시설 기타(8미터위임),제한보호구역(전 방...🔽	대 17.26㎡ (5.22평)	289,000원 (100,600원)	4,988,140원	☞ 전체면적 105㎡중 김○○ 지분 1726/10500 매각 * 현황 도로
	2	당하동 170-33	계획관리지역,군사기지및군사시설 기타(8미터위임),제한보호구역(전 방...🔽	답 113㎡ (34.18평)	853,000원 (292,800원)	96,389,000원	* 현황 단독주택부지
	3	당하동 170-39	위와같음	답 119㎡ (36평)	853,000원	101,507,000원	* 현황 단독주택부지
			면적소계 249.26㎡(75.4평)		소계 202,884,140원	

감정가	토지:249.26㎡(75.4평)	합계	202,884,140원	토지만 매각이며, 지분 매각임

현황 위치	* ▮▮▮▮▮▮ 내에 위치, 주위는 지방도상 상가, 단독주택, 농경지, 임야 등이 혼재하는 지역으로서 제반 입지조건은 보통임 * 본건까지 차량진입이 가능하며, 인근에 버스정류장이 소재하여 제반 교통사정은 보통시됨 * 인접지 대비 등고평탄한 부정형 및 사다리형의 토지로 도로 및 단독주택부지로 이용중임 * 단지 진입로를 통해 북서측으로 노폭 약6m의 포장도로에 접합

참고사항	* 토2,3) 지상에 매각에서 제외되는 제시외건물 2동 있음 * 토2)파주시 건축과에 문의한 결과 2건의 건축허가(주용도:단독주택, 허가일 2013.01.11,2013.10.07,허가번호:2013-건축과-신축허가-170,2014-건축과-신축허가3)를 득하였는바,이를 감안하여 감정평가액을 결정하였으니 추후 경매진행시 자세한 건축허가 내용은 파주시청에 문의바람 ▶ ▮▮▮▮▮▮▮▮(232㎡)는 2014년9월22일 분할로 인하여 답 119㎡를 경기도 파주시 ▮▮▮▮▮▮▮▮에 이기

자료: 옥션원

임차인	점유부분	전입/확정/배당		보증금/차임	대항력	배당예상금액	기타
신○○	기타	전입일자: 미상 확정일자: 미상 배당요구: 없음		미상			점유자, 지상건물 건축주
기타사항	☞제 3 자점유 ☞ ▨▨▨▨▨▨ 현황은 '주택부지'로서, 그 지상에 '연면적 약 120제곱미터 가량의 3층 주택 2동'이 신축중에 있으며, 공사진척도는 90% 정도로 서 현재 내부마무리 공사중에 있음. ☞ 점유자로 조사한 사람은 ▨▨▨▨▨▨ 지상에 연면적 약 120제곱미터의 3층주택 2동을 건축하고 있다는 건축주라고 주장하고 있으므로 별도 확인 요망.						

자료: 옥션원

인서를 통해 확인하면 된다.

이제 중요한 것이 법정지상권이다. 이 경매는 건물과 토지가 일괄로 나온 것이 아니라 토지만 별도로 경매에 나온 경우다. 이 경우 토지만 낙찰받을 경우, 토지 주인은 사실상 토지 사용에 제한을 받게 된다. 해결책을 강구해야 한다.

또한 지분매각에 주목해야 한다. 지분매각이란 1필지(75평) 토지에 소유주가 다수란 뜻이며, 그중 일부만 경매로 나왔단 의미다. 게다가 그 위치가 특정되지 않았으니 난감한 부분이다. 그렇다면 여기서 포기 해야 하는가? 아니다. 해결책이 있다.

먼저 이 물건은 건축허가가 용이한 땅이다. 토지1 토지2 토지3에 공통적으로 등장하는 것이 계획관리지역이란 말이다. 토지의 네 가지 구분 중 관리지역 안에는 계획관리지역, 생산관리지역, 보전관리지역이 있는데, 그중 계획관리지역은 용도가 다양하고 건물도 땅 평수에 비례 하여 40%까지 건축할 수 있어 가장 가치가 있다. 주택, 공장, 창고, 숙박 등 다양한 용도로 활용 가능하다. 이때 토지 75평에 바닥 면적 40%을 건축할 때 건폐율 40%라 말한다. 앞서 경매로 나온 토지는 계획관리지역이므로 건축이 용이한 땅으로 첫 번째 조건은 통과다.

또한 지분매각이란 말에서 또 하나 유리한 점을 찾을 수 있다. 지분으로 표시된 토지는 사실상 도로다. 예를 들어 1/4 지분으로 함께 사용하고 있다고 할 때 사용권 소유권에 아무런 지장을 받지 않는다. 더불어 도로를 확보하고 있다는 것이므로 토지로서 가치도 충분하다.

이제 법정지상권만 해결하면 된다. 이 토지의 경우, 주택이 토지 위에 있다. 이때 토지 소유주는 다음과 같은 권리를 가지고 있다.

- 토지 주인은 건물에 대하여 철거 청구권을 갖는다.
- 토지 주인은 건물에 거주하는 자에 대해 퇴거 명령권을 갖는다.
- 토지 주인은 건물에 대하여 부당이득 청구권을 갖는다.

이와 같은 우월한 지위를 갖게 되므로 그에 상응하는 큰 대가를 보상받을 수 있다. 특히 건물의 가치가 상당할 경우 그 가치에 상응하는 보상을 토지 주인에게 해주어야 한다. 예를 들어 10억의 가치가 있는 건물을 지었을 때, 토지 주인이 건물 철거 명령을 행사했을 때 건물주가 건물을 철거당하지 않으려면 그에 상응하는 보상을 해야 한다. 또는 토지를 매수하여 완전한 '토지+건물'의 소유가 되어야 한다. 이때 토지 주인은 우월한 위치에 있다. 자신이 만족할 만한 가격을 결정하면 되기 때문이다. 건물주가 부당이득금을 2회 이상 지불하지 못할 경우에는 건물에 대해 철거 명령을 청구할 수 있다.

그런 점에서 이 토지경매 건도 토지의 소유주가 건물 철거 또는 지료를 받을 권리가 더 커 보였다. 일단 저당권(근저당)으로 이루어진 경매 실행이었고, 건물의 가치가 있기 때문에 건물주와의 합의 또는 협의가 원활하다.

이 토지의 경우도 그랬다. 그렇게 토지를 낙찰받고 난 뒤 신기한 일이 벌어졌다. 이제 건물주가 더욱 애가 탔다. 법정지상권 설정으로 입찰이 어려울 것으로 생각했는데, 법정지상권에 대해 알고 권리를 주장하니 주객이 전도된 것이다.

결과적으로 이 건의 경우, 토지를 낙찰받고 열흘 만에 건물주로부터 제안을 받아 단기매매가 이루어졌다. 수익률도 상당히 좋았다. 나는 토지경매를 통해 얻은 이익뿐만 아니라 상당한 가치가 있는 건물이 지어진 덕분에 그에 상응하는 보상까지 얻을 수 있었다.

법정지상권 해결비책

소위 법률적 용어로 법정지상권 유무에 따라 철거 여부를 결정한다. 그런데 그간의 경험에 의하면 한 번도 예외 없이 토지 주인이 승리했다. 법정지상권이 성립한다고 하면 건물을 철거할 수 없다. 법정지상권을 인정해 주는 경우는 이런 경우다.

- **저당권 설정 당시 그 토지 위에 건물이 존재해야 한다.**
- **저당권 설정 당시 토지의 주인과 건물 주인이 동일해야 한다.**

그런데 위와 같은 사실이 현실적으로 가능할까? 불가능하다. 예를 들어 은행에서 대출을 해준다고 하자. 은행 직원이 담보(부동산)를 답사한다. 현장을 가보니 건물과 토지가 있다. 이때 대출받으려는 사람이 '토지만 담보로 해주세요'라고 한다면 과연 은행이 이것을 허락하겠는가? 절대 허락할 수 없다. 토지와 건물주가 동일한데 어떻게 토지만 담보로 한단 말인가. 물론 은행에 담보가치에 따라 대출하는 조건이 있긴 하지만 현실적으로는 일어나지 않는 일이기 때문이다.

이 말인즉슨 저당권 설정 당시 토지만 담보로 대출을 받을 확률이 99.9%라는 뜻이다. 아직 건물이 서기 전에 이미 저당권이 설정된 것이다. 그러니 건물주가 법정지상권을 인정받을 확률이 없는 것이다.

다시 말해, 법정지상권에 관련된 경매의 경우 토지 소유주가 건물주의 권리보다 우선시된다. 건물을 철거할 권리를 토지 소유주가 가지고 있어서다. 다만 앞서 백전백승의 비결 세 가지를 유의해야 한다.

1. 경매의 실행이 '저당권(근저당)'으로 이루어진 것이어야 한다.

(이 경우 임의경매다.)

2. 토지 위에 있는 건물의 가치가 상당해야 한다. 보잘것없는 건물이라면 건물주가 철거에 대해 신경 쓰지 않을 것이다.

3. 강제경매로 실행된 경우(예: 가압류) 예외 상황이 발생할 수 있으므로 주의해야 한다.

지피지기면 백전백승,
유치권 해결 비책

> "마음에 드는 5층짜리 건물이 있습니다. 그런데 유치권이 걸려 있어요. 청구된 금액도 억대가 됩니다. 이 경우 도전해야 할까요?"
>
> "아니요. 그거 복잡하잖아요."

경매 기본기를 배우는 경우라면 섣불리 도전했다가 복잡하게 꼬일 수 있다. 하지만 경매의 고수가 되려면 이 부분을 반드시 넘어서야 한다. 물론 다른 조건도 살펴봐야겠지만 유치권 때문만이라면 도전해봐야 한다. 경매의 고수가 되려면 유치권 해결 능력이 있어야 한다. 유치권은 정복할 수 있는 부분이다. 유치권은 거의 금액이 크고 거의 허위라는 사실을 인지해야 한다.

경매시장에서 유치권에 얽힌 건이 상당히 많다. 유치권 주장을 하는 건수가 점점 늘어가고 있는데, 본래 유치권이 법리적으로 애매하고 난해한 부분이 있기 때문이다. 채무자와 공사업자가 협조한 경우라면 채권자와 낙찰자가 해결하기에 난감한 것도 사실이다. 게다가 유치권이 등기부에 기재되는 것이 아니기 때문에 이 부분은 현장에서 실물을 보고 판단해야 한다는 특징이 있다.

경매인은 이 점을 강점으로 볼 수 있어야 한다. 경매인에게 있어 유치권자들은 경매 방해자다. 예를 들어 공사대금에 대한 유치권의 경우, 허위로 기재될 확률이 높다. 가격도 상당히 크다. 그런데 현실적으로 공사하는 과정을 생각해볼 때 과연 그러한 채무가 있었을까 의구심이 든다.

5층짜리 건물을 짓는 과정이라 생각해보자. 건물 하나 짓는 데 총 공사대금을 5~10번 나누어 지급되는 계약서를 작성한다. 건물주 입장에선 수십억에 상당하는 공사비를 한꺼번에 줄 수 없기 때문인데, 공사업자의 입장에서는 그때그때 약속된 돈을 받고 공사를 진행한다. 그들 역시 인부들에게 지급을 해주어야 하기 때문에 대금 지급이 미뤄지는 경우 사실상 공사는 중단될 수밖에 없다. 거꾸로 말하면 공사대금이 밀릴 가능성이 크지 않다는 것이다.

그러므로 경매로 넘어간 부동산이 유치권에 얽혀 있다고 할 때 주눅 들 필요가 없다. 물론 유치권에 관한 것이 민사소송이기에 증거나 거짓 등을 강제로 수사할 수 없다. 그래서 유치권자들이 터무니없는 금액을 주장할 때(총공사비를 전부 요구함) 정황을 살펴 그에 따른 대응 방안을 펼치면 된다.

1. 형사 고발

수사관은 민사와 달리 구체적 증거를 밝힐 수 있다. 공사일자, 대금 지급일자, 통장거래내역. 영수 일자, 서류 위조 등 허위 진술에는 한계가 있다. 이 과정에서 유치권자는 사기 및 기타 다른 범죄 사실이 드러나기 십상이다. 거짓이 일부라도 있다면 모든 과정이 인정받기 어려워진다. 유치권자에게 절대적으로 불리해진다.

2. 점유자 확인

유치권자는 본 부동산을 점유해야 할 필수 의무가 있다. 그 점유의 시기는 유치권자가 대금을 받지 못한 그날부터 계속되어야 하는데 평온무사히 점유해야 한다고 되어 있다. 경매 개시 후 법원에서 본건을 조사할 때 이미 유치권 점유가 되어 있어야 한다. 그런데 현실적으로 유치권자에게 시간적 여유와 인적 여유가 없다. 누군가 낙찰자가 나타날 경우에야 급조해서 점유를 시작하게 된다. 그것은 진정한 점유가 아니다. 낙찰자는 이 점유에 대한 조건에 대해 유치권자가 지켰는지 여부를 따져 물을 수 있다.

3. 유치권 권리 신고 서류 분석

유치권 진위 내용은 사실상 허위를 증명하기 어려우나 서류에 날짜, 도장, 인적사항, 금액을 위조할 가능성이 매우 높다. 자세히 검토하면 밝힐 수 있다.

4. 공사가 중단된 건물에 대한 철거

제일 많은 경우가 건축 중단된 건물을 두고 유치권 주장을 하는 경우다. 이런 경우 상황이 살벌하여 '돈을 주겠느냐 죽음을 주겠느냐'라는 붉은색 구호가 현수막으로 붙어 있다. 보이는 상황은 살벌하나 이런 경우 매우 간단하다. 유치권은 이미 해결되었다. 이런 건물은 미완성 건물이기에 경매시장에 토지만 나온 경우이다. 상황 때문에 섣불리 입찰하지 못하기 때문에 오히려 싼값에 낙찰받을 수 있다. 이 경우 단기매매가 가능하다. 그렇게 되면 유치권자와 낙찰자는 상관없는 관계가 된다. 낙찰자는 땅만 매입했기에 건물주에 대해 철거 명령하면 철거가 되고 동시에 유치권이 해결된다. 법정지상권으로 해결 가능한 것이다.

자금력과 두려움을 이기는 차선책을 선택하라

지금도 생각하면 기분이 좋아지는 어린 시절의 기억이 있다. 초등학교 5학년 때, 호기심은 많았으나 공부를 그리 좋아하지 않았던 내게 수학 경시대회에 나갈 기회가 주어졌다. 칭찬은 고래도 춤추게 한다더니 나를 믿어준 담임선생님께 보답하고 싶은 마음에 공부를 열심히 했는데, 그때 출전한 대회에서 덜컥 상을 받았다. 그때나 지금이나 산수를 잘한다는 것이 대단한 자부심이었던 터라 생전 처음 경시대회 상을 받고 우쭐했던 생각이 난다. 한 달은 어깨가 하늘 위로 올라간 채 다녔던 것도 같다.

그 뒤로 다시는 경시대회와 인연이 없었지만 삶에서 여러 가지 일을 겪으면서 좌절했을 때나 뭔가 슬럼프에 빠져 있었을 때, 열두 살 때의 성취감이 날 건져주었다. 아무런 연관도 없는 분야지만 뭔가 해냈다는 자신감이 나를 이끌어주었던 것 같다. 그래서 성취감을 경험해본 사람과 아닌 사람의 차이가 있는지도 모르겠다.

경매를 하다 보니 딱 그때의 경험이 누구에게나 필요하다는 것을 느끼게 된다.

"원장님, 경매에 도전해보려고 하는데 왜 선뜻 안 될까요?"

꽤 많은 사람들이 경매에 많은 관심을 갖고 있지만 선뜻 시작하지 못하는 것에 고민한다. 해결책은 하나다. 성취감을 맛보면 된다. 책으로 연애를 안다고 연애를 잘할 수 있는 것이 아니지 않은가. 직접 만나보고 가슴 떨림을 경험해봐야 연애를 했다고 할 수 있듯이, 경매도 크든 작든 직접 참여해보고 승패를 경험해봐야 한다. 가능한 작은 성취감이라도 느껴보는 것이 지속적인 경매의 세계로 이끌 가능성이 크다. 그런데 혼자는 두렵다. 사실 자금력도 달린다. 이럴 땐 공동투자 공동입찰로 시작하면 된다.

공동입찰

일반인들의 투자는 어쩔 수 없는 한계를 지닌다. 부동산 가격은 억대를 훨씬 넘기에 접근하기 어려운 것이 사실이다. 이때 십시일반 여러 명이 합심하여 돈을 모아 투자하는 방법이 최선이다. 공동투자의 장점은 자금 확보가 원활하다는 것이다. 비교적 소액이기에 위험부담이 적다. 특히 여러 명의 관점이 다양하기에 합리적 결과를 도출할 수 있다는 장점도 있다. 물론 단점도 있다. 워낙 다양한 사람이 모이다 보니 의견이 불일치하는 경우가 있다. 특히 매도 시 의견이 분분하여 적절한 시기를 놓칠 위험도 있다.

이러한 장단점이 있지만 경매에 입문하는 이들에게 성취와 시도는 중요하다. 따라서 공동투자를 할 때 모든 것에 대비하여야 하므로 정관을 작성하여 각자 날인하고 공증해야 한다. 뜻밖의 일에 대비해야 하기 때문이다. 예를 들어 매도에 대한 조항을 넣는다고 할 때 '매도 시 입찰자 전원의 1/2 이상 찬성할 때 찬성하는 쪽으로 결정한다'는 식이다. 이러한 기본적인 사항에 대한 합의만 되면 공동투자만큼 좋은 경매 경험도 없다.

팀플레이 경험

아줌마 아저씨들은 즐기고 있었다. 한눈에 보기에 그들은 그냥 놀러 다니는 이들 같았다. 어딘가로 가서 자리를 깔고 가방에서 김밥과 음료수 등을 꺼내 먹는가 하면 어떤 이는 아예 자리 잡고 앉아 나물을 뜯었다. 평화로운 오후의 풍경이었다. 한참 뒤 그들은 그곳을 떠났다.

며칠 후 그들은 그 땅을 경매로 낙찰받았다. 다시 그곳을 찾은 그들은 인근 부동산에 들러 부동산 사장님과 재밌는 얘기를 나누었다. 이미 아는 사이인 듯 친근했는데 한참 이야기를 나누더니 이번엔 시장에 들러 시끌시끌 저녁 식사를 하며 마무리했다. 알고 보니 아까 부동산 사장에게 경매로 산 값의 두 배에 땅을 팔아달라고 내놓고 왔단다. 부동산 사장님은 쾌히 승낙했고, 며칠 뒤 땅은 팔렸다.

이 팀에 끼어 함께 다니면서 나는 생각했다. 경매가 이렇게 재밌는 것인가? 경매가 이렇게도 쉬운가? 나의 팀플레이는 그렇게 시작됐다.

그 팀이 경매로 받은 땅은 1,000평이었다. 평당 22만 원에 낙찰받았으니 총액 2억 2천만 원이었다. 공동투자를 하는 것이었기에 땅을 10개로 나누고 1필지에 100평으로 배분했다. 모두 1필지의 땅을 22만 원에 낙찰받았으니 2,200만 원의 투자를 했을 것이다. 그런데 그 땅이 4,300만 원에 팔렸고 그들은 두 배의 수익을 올렸다.

나는 팀을 따라다니며 경매가 정말 재밌게 할 수 있는 것인지 느껴보기로 했다. 나까지 8명으로 이뤄진 팀에 합류한 뒤 인사를 나누고 이런저런 이야기를 하는데 모두들 경매 이야기를 하면서도 무척 즐거워했다. 무용담에서 등골 오싹한 실수담까지 이야기를 나누는데 우리의 공통 주제는 같았다. 좋은 부동산을 찾아내어 물건 한번 만들어보자는 것이었기에 공감대가 형성되었다.

도착한 곳은 파주 신촌동이었다. 상가가 꽤 많아 보이는 동네였기에 두세 명씩 짝을 지어 흩어지기로 했다.

"각 팀별로 가서 점심을 먹고 한 시간 뒤에 만납시다."

어떤 팀은 낙지집, 어떤 팀은 돈까스, 어떤 분들은 중국 음식 등으로 식사를 했는데, 우리의 눈과 귀는 모두 열린 상태였다. 한 시간 뒤 카페에서 만났다. 그러자 정말 다양한 정보들이 쏟아져 나왔다. 어떤 음식점에 손님이 얼마나 들고, 맛은 어땠으며 가격에 비해 서비스가 어떤지, 평수와 시설과 종업원의 숫자에서 임대료에 대한 추측까지 다양한 정보를 공유했다. 함께 다니다 보니 재미도 있고 정보도 풍성할 뿐아니라 보는 관점이 다양하단 점이 가장 매력적이었다.

신촌동 일대를 한번 훑고 나니 차를 타고 또 이동한단다. 알고 보니파주에 있는 공장을 견학해보자는 것이다. 당시 뉴스에서 한창 파주이야기를 하고 있을 때였는데, 그 여파였는지 경매인들 사이에서도 파주는 인기 지역이었고 나는 팀에 합류하여 꽤 쓸 만한 공장들을 둘러보았다. 그러다가 500평 땅에 건물 200평짜리 공장을 보았다. 도로도쓸 만했고 5년 전에 지어진 건물치곤 괜찮아 보였다. 서둘러 부동산을들러 정보를 수집하니 보증금 3천만 원에 월세 300만 원은 받아줄 수있다고 했다. 공장 최저가는 3억 5천이었다.

"어때요? 다들 의견이?"

다들 긍정적인 의견을 보였다. 우리는 다시 점심 때 찾아갔던 신촌동 근처 상가 쪽으로 가서 저녁 시간의 장사 상황을 살펴보았다. 저녁 때 장사 현황을 살펴보니 손님이 그리 많아 보이지 않았다. 만석인 곳은 없어 보였고 한 가게에 3~4팀 정도가 있었는데, 저녁 현황을 살펴본 우리 팀은 다시 카페에서 모였다.

"자, 오늘 두 군데 봤는데 어느 곳으로 도전하는 게 좋을지 의견을 내보세요."

우리는 상가와 공장을 분석하며 활발히 의견을 나누었다. 상가는 몫이 뛰어났다. 최저가 3억 2천에 월세 350만 원 정도가 확보 가능했다. 파주 공장은 분위기로 볼 때 미래형 투자처였다. 남·북·미 관계 개선으로 판이 바뀌고 있는 상황에서 미래의 가치를 보고 투자하려면 결단이 필요했다.

"이런 게 경매의 묘미예요. 그 어려운 법 공부 하는 게 아니라 어떤 것이 미래에 좀 더 나은 투자가 될 수 있을까 재미있게 고민하고 토론하는 것, 얼마나 재밌어요."

팀원 중 한 분이 이런 이야기를 하는데 다들 표정이 밝아졌다. 그러면서도 치열하게 토론을 했는데, 또 다른 정보에 의하니 민통선 인근 파주의 부동산 낙찰받기가 하늘의 별 따기란다. 일주일 전 낙찰 사례를 보니 감정가의 150%로 낙찰되었단 정보에 우리는 모두는 거품이라고 동조했다. 하여 상가를 선택하기로 결정했다.

42평 상가를 두고 다시 치열하게 입찰가를 고민했고 결국 4억 5천에 합의했다. 이때 4억 5천을 쓰게 된 것은 우리 팀의 가장 경험이 많은 분의 조언에 따라서였다. 그분은 연 10% 정도 수익을 얻는 것이 가장 적절하다고 조언했다. 경매가 아무리 싸다고 하지만 더 이상의 욕심은 내지 않는 편이 좋겠다며 우리를 설득했고 다들 그 의견에 동조한 것이다.

- **수익률: 연수익÷총투자액×100**
- **적용: 350만 원×12÷4억 5천만 원×100＝9.3%**

경매 입찰일이 되었다. 공동투자는 처음이라 흥분되었고 머리도 하얗게 세는 것 같았다. 그래도 8명이 함께한다는 든든함이 있었다. 얼마 뒤 경매법정에서 우리 팀을 부르는 소리와 함께 1등으로 낙찰됐다는 소식이 들렸다. 우와! 함성과 함께 우리는 부둥켜안았다. 4억 5천, 2등은 4억 3,900만 원으로 우리와는 불과 1,100만 원 차이였다.

그날로 우리 팀은 8명의 동지가 되어 상가의 주인이 되어 현재 임차한 사람과 임대차 재계약을 했다. 이것이 생애 첫 공동투자의 경험이었고 지금까지 제자들과 공동투자를 열어가게 해 준 즐거운 경험이다. 나는 이 팀플레이가 가져온 작은 성취감으로 경매에 즐거움을 맛볼 수 있었고 지금까지 경매인으로서 살아갈 수 있었다고 생각한다.

8명이 4억 5천짜리 상가를 경매받았으니 언뜻 보기에도 투자액이 그리 크지 않다는 것을 알 것이다. 그만큼 부담은 적었고 사람이 주는 든든함은 컸다. 그렇다면 얼마를 투자했고 얼마의 수익을 얻었는지 계산을 통해 알아보자. 대출을 받는 경우 수익률이 현저히 올라간다.

● **레버리지를 끼고 투자할 때**

〔낙찰가〕 4억 5천만 원

〔실투자〕 4억 5천만 원 – 3억 6천만 원(대출 80%) = 9천만 원

〔순이익〕 4,200만 원 ÷ 9천만 원 × 100 = 46%(순이익률)

* 은행이자와 취득세를 공제한 경우 순이익률 35%

스크린 골프장의 반전

팀플레이는 지금도 이어지고 있다. 공동으로 투자해서 공동낙찰이 진행되고 수익을 배분하는 과정이 늘 좋은 결과를 가져오는 것은 아니지만 더 많은 이들이 투자에 참여하고 경매의 맛을 느끼며 성취감을 맛볼 수 있단 점에서 권유한다. 그중에 한 건을 더 소개해본다.

이 물건은 서울 성북구 길음뉴타운 10단지 지하 203호에 위치한 스크린 골프장을 운영하는 상가건물이다. 마침 회원 중 이 골프장에 대

해 아는 사람이 있었다. 촉이 좋았다. 그분은 좋은 피드백을 주었다. 당시 현장을 회상하면서 분위기가 꽤 좋았었다는 말을 해주었기에 관심을 갖고 공동입찰로 추진해보았다.

이 건에 대해 공동경매에 참여할 의사가 있는 팀을 모은 뒤 실사에 나섰다. 20명이 같은 목적으로 모이다 보니 정보가 비교적 넓고 구체적이었다. 임장 활동을 위해 4명이 조를 이뤄 현장으로 향했다. 게임을 하면서 사정을 들여다보는데 느낌이 좋았다.

한 시간 이상을 기다렸을 때 자리가 비었다. 시간대를 보니 붐빌 시간도 아닌데 손님이 많았다. 오히려 그 점이 이상하단 생각까지 들 정도였다. 코치도 3명이나 되었지만 다들 바빴다.

다시 학원에 모여 여러 의견을 나누는데 손님이 유난히 많은 이유가 뚜렷하지 않았다. 위치와 시설이 괜찮은 편이긴 했지만 그래도 골프장이 워낙 많이 생기고 있는데 유독 왜? 라는 생각이 들었다.

다음 날 시간대를 바꾸어 다시 가보았다. 역시 사람이 많았다. 한 시간 정도 대기 중에 구석구석 들여다보니 여전히 종업원 3명, 코치 3명이 바쁘게 움직이고 있었다. 게임을 끝내고 예약 상황을 슬쩍 알아보니 예약조차 만만치 않은 것이 '아, 여기 물건이다' 필이 꽂혔다. 이곳 한 달 수업이 얼마나 될까 토론이 벌어졌고 우리가 예상한 수입은 월 4~5천만 원에 경비 인건비 빼고 3천 정도로 예상했다. 일단 경매에 참여한다는 데 의견을 모은 뒤 나는 마지막 점검에 나섰다. 유독 이곳만 손님이 모이는 이유를 찾는 데에 집중했다.

갑자기 부동산을 찾고 싶었다. 부동산에 들러 골프장에 대해 묻는데 반응이 차가웠다. 경매 안 한다느니, 잘 모르겠다느니, 아휴 골치 아픈 곳이니 하지 말란 식의 반응뿐이었다. 난감했다. 촉이 오고 필도 꽂혔는데 어쩌나 싶은 마음에 마지막 한 군데 부동산을 들렀다. 거기서 임자를 만났다.

"아! 그 골프장이요? 거기 좋아요. 이 주변에 골프장 많은데요, 하나같이 주차하기 아주 나빠요. 근데 그 골프장만 유독 주차 시설이 좋습니다. 거기 당분간 대박날 거예요. 실은 제가 3년 전에 거기 계약해준 사람입니다."

그제야 의문이 풀렸다. 그 자리에서 확신을 얻었고 그 길로 공동입찰을 결정했다. 입지 조건과 시설 조건이 당분간 좋을 것이라는 판단 하에 무조건 1등 할 가격을 써야 했고, 우리는 12억 8,800만 원이란 가격을 써내어 낙찰을 받아냈다. 스크린 골프장은 지금도 문전성시다. 수익률이 40%다.

대출 10억을 받고 보니 2억 8,800만 원이 투자금이다. 취득세 포함 3억 4,800만 원. 그 후 임차인에게 보증금(1억 7,500만 원)을 받고 보니 실투자금 1억 7,300만 원이었다. [월세 930만 원×12개월=1억 1,600만 원]으로 대출이자를 제하고 순이익 6,660만 원이다. 수익률은 [6,600만 원÷1억 7,300원×100=38.4%]으로 40%에 육박한다.

건물의 이면을 바라보는
나만의 경매 공략법을 세워라

∧

∧ ∧

∧ ∧

∧

내가 도전했던 건물 경매 50평 중 5평짜리 건물 경매가 있었다. 어떻게 5평만 경매로 나올 수 있을지 궁금해할 수 있겠으나 보기보다 이런 건수가 꽤 된다. 그 속을 들여다보면 스토리가 꽤 재미있는데, 아마도 그 다섯 평짜리 건물도 스토리가 있었던 것 같다. 그게 또 경매의 매력이기도 하다. 이미 영업이 이루어지고 있는 영업장 내의 건물이었다. 재밌겠다는 생각이 들어 현장을 나가보았다. 도대체 다섯 평만 경매로 나온 곳은 어디일지 궁금해서 걸음이 급해졌다. 그런데 현장에 도착해보니 호기심은 확신으로 변했다.

이름을 대면 알 수 있는 카페가 성업 중이었는데, 다섯 평은 카페 중간 어딘가에 위치해 있었다. 어떻게 경매로 나왔는지 우습기도, 재밌기도, 이상하기도 했지만, 중요한 것은 그 다섯 평의 건물은 반드시 입찰받아야겠단 생각이 들었다는 것이다. 왜? 성업 중인 카페의 입장에서는 다섯 평의 소유주가 무척 불편할 것이고 어떻게든 수용해야 하기 때문이다. 분명히 우리가 협상 카드를 쥐게 될 게임이었다. 안 할 이유가 없었다.

먼저 그 건물에 대한 권리분석에 들어갔고 입찰해도 별다른 문제가 발생하지 않을 것 같다는 판단이 들었다. 다섯 평짜리, 평당 얼마를 써야 하는지 또다시 고민이 되었다. 감정가는 많이 낮아진 상황이지만, 실거래가는 높은 상황이었기에 그 둘 사이에서 적절한 수준을 정해야 했다.

마침내 감정가보다는 높지만 실거래가보다는 조금 낮게, 하지만 훗날 카페 소유주와 협상할 수 있을 카드를 갖고 가격을 정했다. 운 좋게도 1등으로 낙찰되었고, 카페 안 다섯 평의 소유주가 되었다.

다섯 평의 주인이 되고 나니 주객이 전도되었다. 카페 측에서 볼 때 내가 영 불편한 게 아닐 것이다. 그들 입장에서 이 경매가 쉽게 이루어지지 않을 것이라 생각했던 것 같다. 아니, 입찰에 참여했지만 가격에서 졌을 확률도 컸다. 어쨌든 이제 내 쪽에서 협상의 주도권이 생겼기에 단기매매를 추진했다.

결국 낙찰허가가 난 뒤 단 며칠 만에 카페 쪽에서 연락이 왔고 단기매매를 통해 소유권을 카페 쪽에 넘겼다. 물론, 생각했던 수익률에 웃도는 가격으로 협상할 수 있었다.

구분 없는 부동산이란?

경매를 하다보면 이와 같이 몇 평짜리 땅만 경매로 나오는 경우가 있다. 앞선 사례와 같이 땅의 일부가 경매로 나오는 경우도 있지만, 일부 지분만 경매로 나올 때도 효자 상품이 되는 경우가 있다. 조금 다르게 말해 구분 없는 부동산을 잘만 겨냥하면 좋은 결과를 얻을 수 있단 의미다.

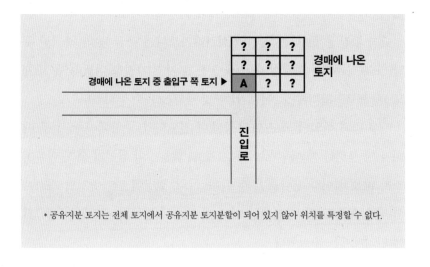

* 공유지분 토지는 전체 토지에서 공유지분 토지분할이 되어 있지 않아 위치를 특정할 수 없다.

위와 같은 경우가 있다고 하자. 전체 600평 토지 중에 경매로 나온 토지가 50평이라 하자. 그런데 이 50평의 토지가 전체 땅 어디에 위치하는지 구분되지 않는 경우가 있다. 이를 공유지분 토지라 한다.

공유지분 토지는 상속이나 증여와 같은 상황에서 주로 발생된다. 대대로 내려오던 땅을 네 명의 형제에게 공동으로 상속했을 때 네 명이 그 토지에 대해 공유지분을 가진 소유주가 된다. 그런데 형제들 상황이 다 다르다 보니 어느 한 사람이 이 땅을 저당 잡히고 채권 채무에 얽혔다고 할 때 그가 지닌 공유지분 토지는 경매로 넘어간다. 이런 상황에서 공유지분 토지경매로 처리된다.

이런 경우, 보통의 경매인들은 쳐다보지도 않는다. 누가 봐도 주인이 넷이 있는 상황이니 문제가 복잡해질 것이란 생각 때문이다. 틀린 말은 아니다. 그럼에도 활용 가치가 충분히 있다.

공유지분 토지의 문제는 공동의 소유 가운데 경매로 나온 땅의 위치가 불분명하다는 데 있다. 또 하나는 소유주가 여러 명 존재한다는 것이다. 이 두 가지 문제를 해결하려면 먼저 공유지분의 특성을 살펴보면 된다. 공유지분의 특성은 다음과 같다.

- **공유자는 다른 공유자에게 분할을 청구할 수 있다.**
  이때 공유자는 분할청구를 거절하지 못한다.
- **합의가 안 될 경우 분할청구 소송을 한다**(강행규정).
- **합의가 안 될 경우 전체부동산을 경매로 진행할 수 있다**(형식적경매 판사직권).

이러한 부동산의 특성이 있다 보니 공유지분 경매에 도전할 때 다음과 같은 매력 조건이 있다. 앞서 나온 그림의 땅을 예시로 보자.

- **상대공유지분보다 작은 지분을 권리로 사용한다.** (예: 상대 90% 본인 10%)
- **상대가 A를 원할 때 거절할 수밖에 없다.** (출입구 문제)
- **누구든지 A를 원할 수밖에 없음.**
- **소송결과가 도출되지 못하면 전체 토지를 경매로 진행시킨다.**
- **큰 지분을 가진 사람이 결국 양보할 수밖에 없다.**
- **상대는 작은 지분을 매수할 수밖에 없다**(매도차익 발생).
- **적은 지분도 권리는 발효된다**(1/10 지분이라도 반드시 지분권자의 동의가 필요하다).

공유지분 활용

경매를 하다가 공유지분 경매가 눈에 띌 때는 매력 조건을 따져서 도전해보는 것도 좋다. 무조건 토지가 넓다고 좋은 것도 아니다. 공유지분은 적은 지분이라도 매도, 양도, 건축 등 중요한 결정을 할 때 결정적 역할을 하기 때문에 지분 확보 여부가 더 중요하다.

이 공유지분의 권리를 극대화하려면 권리분석을 할 때부터 지역적 미래 가치를 살펴보는 것이 좋다. 물론 토지에 대한 분석을 할 때 당연히 점검해야 할 부분이지만, 공유지분을 확보했을 때 그 가치가 극대화되려면 적은 지분을 갖고서라도 땅 위에 건물을 짓거나, 토지를 매도할 때 가치가 높아야 한다. 재개발 지역이나 재건축, 각종 개발 지역에 위치한 토지인 경우 가치가 극대화되는 것이 당연할 것이다.

- **재개발지역**
- **재건축지역**
- **뉴타운 지역**
- **각종개발지역**

그러므로 단 몇 평의 지분이라도 경매가 나왔을 때, 그 토지가 위치한 곳이 개발과 연관이 있는 곳이라면 주저 없이 도전해보길 권한다. 토지는 권리다. 소유하고 있단 사실만으로 권리를 갖추고 있기에 힘이 된다. 또한 가격이 많이 떨어지므로 부담이 없다는 것이 중요한 포인트다.

제
3
장

경매의
뜨거운 현장에서
인생의 진리를
배우다

퀴즈를 하나 풀고 가자.

사거리 옆 토지 네 군데가 경매로 나왔다.

모두 토지 위에 건물이 있는데 토지만 경매에 나온 경우다.

어느 곳을 선택할지 각자 정해보자.

첫 번째 토지는 길으로 보기엔 평범한 토지면서 소나무가 자라 있다.

두 번째 토지는 돼지우리가 만들어져 있다.

세 번째 땅 위엔 빌라가 지어져 있고

마지막 토지엔 15층짜리 빌딩이 지어져 있다.

경매로 나온 가격이 10억 정도다.

원래는 20억 상당의 가치가 있는 토지이기에 가격은 상당히 좋은 편이다.

당신은 어느 쪽 토지를 사고 싶은가?

10수 앞을 보는
끈질김을 가져라

^
^ ^
^ ^
^

2006년쯤 파주 사무실을 정리하고 일산 쪽으로 나오게 되었다. 일산에 새로운 사무실을 얻고 새로운 마음으로 시작했다. 자리를 잡기까지 기존에 해오던 경매 물건에 대한 컨설팅도 하고 스스로 경매에 참여하기도 하며 워밍업을 했다.

한 가지 변화가 있었다면 경매 학원을 시작하게 되었다는 점이다. 이전에 경매를 배우고 싶어 하는 사람들을 위한 강의를 요청받아 가르치는 일을 병행했었는데, 내가 추구하는 방향과 잘 맞지 않는 부분이 있었다. 경매에 관한 강의를 시작하면서 전문학원에 대해 생각하게 되었고, 오래지 않아 실행에 옮길 수 있었다.

시작은 미약했다. 달랑 세 명이 경매를 배우겠다고 학원을 찾아왔는데 그들이 참 귀한 손님이었다. 사회적으로 경매는 아직도 덜 알려진 분야, 선뜻 도전하기 힘든 분야로 인식되고 있었다. 그렇게 첫 제자가 된 그들에게 십수 년간 경매 일을 해오면서 보고 느끼고 배웠던 것을 성심성의껏 가르쳤다. 중요한 것은 그들이 경매를 이론만으로, 글로만 배워선 안 되었기에 실전에 투입할 정도의 실력과 배짱을 키워 함께 성장하는 것이었다. 그런 가운데 기회가 왔다.

"원장님, 이게 그러니까 땅이 맞긴 맞아요?"
"맞아. 생긴 게 좀 그렇지? 참 희귀한 땅이다. 긴 새끼줄 같기도 하고. 근데 땅 맞아. 폭 3미터에 길이 200미터가 넘어."
"그래도……."

처음에 그 땅과 만나는 사람은 예외 없이 고개를 가로저었다. 대놓고 웃는 사람도 있었다. 사실 처음 그 땅에 가봤을 때 나도 실소를 터트렸으니 할 말 없다. 일산으로 나와 경매 학원과 컨설팅 등을 하면서 경매 물건을 탐색하는 일은 일과가 되었다. 달라진 것은 물건을 보는 관점이 달라졌다는 것이다.

그러던 차에 그 토지와 만나게 된 것이다. 일산 탄현 쪽에 있는 땅으로, 당시 경의선역이 있었는데 지하철역이 생긴다는 말이 오가고 있던 중이었다. 분위기가 나쁘진 않았는데 그 이상하고도 재미난 땅을 봤을 때 웃음부터 나왔다.

"하하. 뭐 이런 땅이 있냐? 지렁이도 아니고…… 참 나."

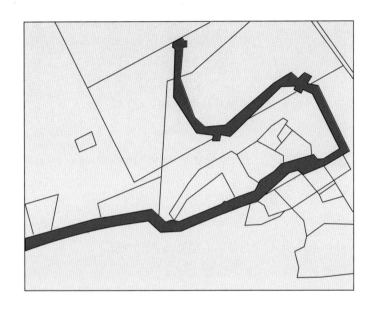

폭 3미터에 길이 270미터 되는 기다란 땅이었다. 감정가는 평당
30만 원도 안 되는 땅이었기에 가격 경쟁력은 있었으나 모양새가 영
아니었다.

"싸게 사서 여기에 기차 카페나 하나 만들어볼까?"

농담 삼아 이런 생각을 하며 돌아서는데 왠지 쉽게 발걸음이 돌려지

지 않았다. 예전 같았으면 뒤도 돌아보지 않았을 땅이었으나 모든 것
엔 가치가 있다는 생각을 하게 된 뒤로는 땅을 볼 때마다 저 땅이 경매
시장에 왜 나왔을까부터 저 땅은 어떤 쓰임새가 있을까 등등 생각하게
되었다.

"그래, 기왕 왔으니까 조사나 한번 해보자."

그 길로 인터넷으로 등기부등본을 떼려는데 이게 웬일, 등기부등본
이 나오지 않는 것이다.

'이럴 수가 있나, 등기부등본 없는 땅은 없거늘.'

무슨 일인가 싶어 고양 등기소로 향했다. 등기소 직원에게 등기부등
본을 떼달라고 하니 뜻밖의 이야기를 했다.

"이거 처음부터 다 떼요? 그럼 오후에 오셔야 할 거 같은데요."
"네? 지금이 오전인데 왜 오후에 오라고 하세요?"
"이 토지요, 등기부등본이 엄청 많아요. 1,003쪽 나오네요."
"그렇게 긴 등본도 있어요? 어쨌든 뽑아주세요. 이따 올게요."

오후 6시, 퇴근 시간에 거의 임박해서 가보니 과연 산처럼 쌓인 등

기부등본이 기다리고 있었다. 필지가 3개, 번지도 세 군데로 나와 있었다. 더 대단한 것은 스윽 훑어보니 이 토지에 대한 채권자가 999명이었다.

"와…… 무지하게 얽히고설킨 땅이네."

토지신탁? 뭔가 있다!

그 서류를 사무실로 가져와 찬찬히 살펴보기 시작했다. 100쪽이 넘어가다 보니 앞의 내용이 하나도 기억나지 않았다. 안 되겠다 싶어 동료 몇 명을 불러 서류를 함께 검토하며 의견을 나누던 중 드디어 뭔가 하나를 발견했다.

"한국토지신탁? 어라, 이거 봐라. 이거 재밌어지네."

500쪽을 넘기다 보니 익숙한 이름이 나왔다. 999명의 채권자들 가운데 신탁주식회사[1]가 있는 것이었다. 토지신탁 회사가 등장했다는 것

---

1. 토지를 개발·건설하려 할 때 여러 필지를 위험 없이 관리 개발하기 위해 개인의 토지를 신탁회사에 신탁하여 관리 처분하는 것을 부동산 신탁이라고 한다.

은 뭔가 있다는 말이었다. 예를 들어 신도시를 만들 때 국가에서는 땅을 확보해야 하는데 혹시라도 있을 사건 사고에 대비하기 위해 일괄적으로 땅을 사서 신탁에 등기를 한다. 안전장치인 것인데, 내가 보고 있는 기다란 토지가 신탁과 관련이 있다는 사실을 확인하게 되니 정신이 번쩍 들었다. 일이 되겠다 싶은 마음에 경매정보지를 자세히 보니 과연 예상은 적중했다. 이 땅의 이용 계획서를 살펴보니 '지구단위계획'이란 말이 눈에 들어왔다.

'아…… 맞구나. 이 땅이 개발계획 가운데 있구나. 누군가 큰 계획을 하고 있구나.'

그제야 세세히 살펴보는 과정이 이어졌다. 뭔가 필이 꽂혔다는 것이 이런 느낌일까. 이건 도전해야 할 땅이란 생각이 들었지만, 마지막 확실한 한 방이 필요했다.

'내 예상과 예측이 맞았다 해도 정확한 사실을 관계자에게 들을 수 없을까?'

한마디로 공무원의 답변을 듣고 싶었던 것이다. 그 길로 고양시청을 방문해 토지이용계획확인서를 신청했다. 그런데 발급이 되지 않는 것이다. 등기야 워낙 양이 방대하여 어렵다 치더라도 1장짜리 서류 발급이 되지 않으니 뭔가 있다는 생각이 들었다. 담당 직원은 당분간 발급이 되지 않는단 말을 하며 뭔가 숨기는 눈치였다. 이에 내가 재차 강력히 요구하자 한참 밀고 당기기가 이어졌다. 결국 담당자는 탄현동 일대에 변화가 생길 것이기에 확실히 방향이 정해지면 토지이용계획을 발표할 예정이라고 털어놓았다.

> "이보세요. 저는 미래가 궁금한 게 아니라 현재의 서류만 보겠다는 겁니다. 당연히 볼 권리가 있지 않습니까. 저는 당장 매수를 해야 할지 선택해야 하는 입장입니다. 오늘 서류를 공개하지 않아서 제게 손해가 온다면 손해배상청구소송 하겠습니다."

마침내 잠시 후 도면과 책을 가지고 오는데, 도면을 보여줄 수 없다고 말을 얼버무리는 모양새가 앞으로의 변화 가능성을 말해주고 있었다. 보여준 책에서 '투기 우려'라는 말도 보이는 것을 보니 확신이 들었다. 그 길로 그 땅 근처의 토지를 살펴보니, 모두 한국토지신탁주식회사 귀속으로 나와 있었다.

입찰일을 하루 앞두고 다시 고양시청을 방문해서 나와 같이 정보를 알아보려던 사람이 있었는지 넌지시 물어보니 몇 명 있었지만 나처럼 끝까지 알아본 사람은 없었다고 알려주었다.

모든 기운이 입찰로 연결되어 있음이 느껴졌다. 이 못생긴 땅을 보며 가슴이 뛰었던 것, 토목 하는 친구와 만났을 때 그 친구에게서 탄현 동 이야기를 들었던 것, 담당 공무원으로부터 들었던 소중한 정보까지. 비밀이라 해도 토목, 설계, 공무원 등은 알 수밖에 없는 감춰진 비밀이리라. 이 모든 것이 우연이었을까. 우연처럼 여겨지는 상황들이 가능성의 세계를 열어주는 것은 아닐까?

도전 정신은
망한 땅도 돈으로 만든다

^
^ ^
^ ^
^

기찻길같이 생긴 기다란 땅, 아무도 거들떠보지 않던 헐값의 땅, 그런데도 그 땅에 꽂힌 이유는 확실했다. 그 이유는 다음과 같다.

- 도로 지구단위계획구역

- 1년 전 군협의가 이루어진 점

- 시청에서 토지이용계획확인서를 보류하고 있음

- 이 토지가 한국토지신탁주식회사 소유임

- 토지 모양 특이 (낙찰받은 토지를 개발에서 제외시킬 수 없음)

- 모든 상황과 기운이 입찰로 향해 있었다는 것

이젠 1등으로 낙찰하는 일에 집중해야 했다. 1등을 못 하면 아무것도 아닌 무로 돌아가기 때문이다. 경매 인생 수십 년인데, 지금도 입찰에 참여할 때마다 입찰 가격을 얼마로 정해야 할지가 관건이 되곤 한다. 물론 낙찰이 된다는 전제가 먼저지만 결코 입찰가를 함부로 생각해선 안 된다. 동등한 선상에서 놓고 고려해야 한다. 잘못하다가 손해보는 장사를 할 가능성이 아주 크기 때문이다.

탄현의 땅 3필지에 대한 입찰을 결정하고 입찰가를 정하는 일은 도전이었다. 당시 그 땅의 감정가는 3필지에 5,600만 원이었다. 평당 25만 원 정도의 가격이었다. 그런데 이미 개발에 대한 확신이 있었기에 감정가는 고려할 사안이 아니었다. 관건은 몇 배로 가격을 정하느냐였다. 경매 학원을 시작하고 처음 만난 전문가반 제자들과 함께 참여하는 경매였기에 서로 의논해야 할 사안이기도 했다.

"낙찰가로 얼마를 썼으면 좋겠어요?"
"글쎄요. 개발이 거의 확실하니까 한 2배?"

함께한 이들은 감정가의 두세 배 정도를 불렀다. 그런데 내가 제시한 가격은 이랬다.

"제가 생각하는 낙찰가는 5억 3천 정도예요."
"네? 원장님, 감정가의 10배예요. 왜 그렇게 높게 쓰시려는 거예요?"

2002타경 ▩▩▩▩▩(2)			●의정부지법 본원 · 매각기일 : 2006.11.08(水) (10:30) · 경매 7계(전화:031-828-0327)					
소 재 지	경기도 고양시 일산서구 ▩▩▩		도로명검색 │D지도 │D지도 │ 주소 복사					
물건종별	농지	감 정 가	56,640,000원	오늘조회: 1 2주누적: 1 2주평균: 0 조회동향				
토지면적	708㎡(214.17평)	최 저 가	(100%) 56,640,000원	구분	매각기일	최저매각가격		결과
건물면적	건물은 매각제외	보 증 금	(10%) 5,664,000원	1차	2006-11-08	56,640,000원		
매각물건	토지만 매각	소 유 자	파산자한국부동산신탁(주)	매각: 537,000,000원 (948.09%)				
				입찰12명,매수인:심○○				
개시결정	2002-08-21	채 무 자	파산자한국부동산신탁(주)	매각결정기일 : 2006.11.15 - 매각허가결정				
				대금지급기한 : 2007.01.18				
사 건 명	강제경매	채 권 자	김○○	대금납부 2007.01.09 / 배당기일 2007.03.22				
				배당종결 2007.08.30				

자료: 옥션원

"확인했다시피 개발의 거의 확실시되고 있어요. 이 땅은 100% 개발업체에서 사들일 땅이에요. 지금의 가치로 땅을 봐선 안 돼요. 이 땅 전체를 반으로 갈라놓았지요? 개발업자는 이 땅을 어떻게든 사들일 수밖에 없습니다. 100배라도 주고 살 겁니다. 10배 가격으로 갑시다."

나로서도 엄청난 모험이었다. 아마 성공에 대한 생각, 가치를 바라보는 관점의 변화가 없었다면 심장 쫄깃한 이런 모험이 불가능했을 것이다.

드디어 경매 입찰 날이 되었다. 과연 될성부른 나무는 다들 알아보는지 경매에 참여하는 이들이 꽤 많이 모여들었다. 나중에 알게 된 일이지만 입찰자가 12명이나 되었다. 저마다 꿈을 안고 왔을 텐데, 순간 자신감이 줄어들었다.

  '어? 이러다가 떨어지면 어떡하지? 그러면 안 되는데……'

  갑자기 불안함이 밀려오면서 최종 입찰 가격에 700만 원을 더 보태어 5억 3,700만이란 숫자를 썼다. 감정가의 958% 되는 가격이었다. 나와 함께 입찰에 참여한 3명의 제자들 눈빛은 불안했다. 낙찰이 안 되면 어쩌나 하는 눈빛이라기보다 낙찰이 돼도 그 이상의 이익을 뽑아낼 수 있을까 불안해하는 눈빛 같았다. 물론 나도 불안했다. 그런데 나는 입찰에서 떨어지면 어떡하나 너무 적게 쓴 것 아닌가 하는 우려가 더 컸던 것 같다.

  가슴 떨리는 기다림의 시간이 흐르고 최종 결과 발표가 다가왔다. 집행관이 사건 번호를 호명한 뒤 입찰자 수와 1등을 차지한 사람을 제일 먼저 부르는 순서가 될 것이다. 잠시 뒤 집행관이 마이크를 들고 사건번호를 호명했다. 드디어 우리 차례였다. 내 이름이 불리기만 기다리고 있는데, 뜬금없는 소리가 들려왔다.

  "흠흠. 잠깐만요. 심완보 씨 잠깐만 나오세요."

  경매를 진행하다가 결과 발표에 앞서 따로 사람을 부르는 경우가 없는데 이상한 일이었다. 앞으로 나가니 집행관이 가격표를 보며 물었다.

"이거 실수로 0 하나 더 쓰신 것은 아닙니까?"

"아닙니다."

"그래요? 아니 어떤 땅인데 10배를 씁니까? 후회하지 않으시 죠?"

"네."

속으로 웃었다. 오히려 더 확신이 들었다. 집행관은 각서 하나를 쓰라고 했다. 가격표에 쓴 가격이 맞는다는 각서였다. 처음 있는 일이라서 그런단다. 어쨌든 각서까지 쓰고 다시 발표 시간이 되었다. 당연히 내 이름이 처음 불렸다.

"사건번호 ○○, 심완보 외 3인 최종 낙찰되셨습니다."

"와!"

최종 낙찰가를 들은 다른 참가자들은 혀를 내둘렀다. 이렇게까지 높은 가격을 썼으리라고는 예상하지 못했다는 표정이었다. 그때 함께 참여한 제자 중 한 사람이 다가와 이렇게 말했다.

"원장님, 2등은 2억 5천 썼더라고요. 어떡해요. 3억이나 차이가 나요."

"그래요? 2억 5천이면 그래도 많이 썼네요. 그 사람은 왜 2억

5천을 썼을까요?”

“글쎄요. 뭔가 있긴 있나 보네요.”

수백 배를 남긴 958%의 도전

“선생님, 잠깐 얘기 좀 나눌 수 있을까요?”

낙찰의 기쁨을 누리며 법원을 빠져나가는데 누군가 나를 불러 세웠다. 명함을 주고받아보니 건설 시행사 간부였다. 단번에 감이 왔다. 자신을 2등으로 패찰한 사람이라고 소개한 그는 대뜸 자기 좀 살려달라고 말했다. 땅을 팔 수 없겠냐는 것이었다. 속으로 쾌재를 불렀다. 짧고 굵은 만남이었지만 서로에게 필요한 존재라는 것을 인식한 시간이었다.

일주일 뒤 낙찰허가결정을 기다리고 있었다. 검증 시간이 끝나고 최종적으로 낙점을 해주는 순서인 만큼 그때부터 자유롭게 거래를 할 수 있다는 뜻이 된다. 그런데 허가서를 받는 과정도 순조로운 것은 아니었다. 판사의 호출이 있어 찾아가니 탄원서가 들어왔다며, 알 박기로 경매에 참여했다는 주장이 들어왔다는 것이다. 탄원서를 낸 쪽은 내게 땅을 팔라고 부탁한 시행사였다. 이 상황에서 판사가 낙찰을 불허하면 입찰 취소가 될 수도 있는 상황이었기에 적극적으로 해명해야 했다.

"판사님, 아시겠지만 이 땅 앞에 전철역이 생깁니다. 더구나 도시지역이고 일반주거지역이라 개발 가능성이 높습니다. 제가 산 가격이 평당 250만 원, 현재 공시지가는 평당 340만 원입니다. 그 시행사가 개발 의지가 있다면 적어도 공시지가는 쓰고 낙찰받는 것이 타당하다고 생각합니다."

판사도 고개를 끄덕이더니 내 말에 손을 들어주었다. 알 박기에 관련된 판결을 처음 내렸던 사람이 자신이라며 이 경우 알 박기에 해당하지 않는다고 명쾌한 판결을 내려주었다.

"탄원서가 들어왔기 때문에 확인 차원에서 오시라고 했습니다. 이 건은 경매로 공개된 정보이기에 저도 알 박기로 보지 않습니다. 알 박기는 부정한 방법으로 정보를 취득하고 땅을 확보하는 것인데 선생님은 아닙니다. 걱정 안 하셔도 됩니다."

허가 한번 받기 어렵다고 생각했다. 하기야 돈 수십억이 왔다 갔다 하는 일이니 당연하다 생각하며 드디어 허가 통지서를 받았다.

그러자 기다렸다는 듯이 시행사에서 연락을 해왔다. 이제부터는 땅을 확보해서 개발해야 할 시행사와 땅 소유주 간의 문제였다.

"전문가님, 아시겠지만 저희 시행사 개발계획이 모두 잡혀 있습니다. 내년 3월까지 토지 매입이 이루어지지 못하면 이 사업 깨집니다. 지금 저희 회사에서 들어간 투자금만 해도 어마어마 해서 PF 대출이자가 한 달에 몇십억씩 깨집니다. 이 사업 무너 지면 끝장납니다. 살려주십시오."

그들은 나를 전문가라고 불렀다. 부동산에 대해서는 100% 알고 있 다고 생각하는 듯 보였다. 그래선지 개발계획과 비밀스러운 부분까지 털어놓으며 읍소했다. 어떤 날은 시행사 대표이사가 찾아오기도 하고 또 어떤 날은 개발 담당자들이 몰려와 타협을 했다. 몇 번의 밀고 당기 기 끝에 제안을 했다.

"좋습니다. 시행사에서 매수한 땅 중에 제일 비싼 땅이 평당 얼맙니까?"
"평당 3천만 원입니다. 진짭니다."

우리가 알아본바로도 그랬다. 더 받는 것은 무리라는 판단에서 그 가격으로 토지를 매입하라고 제안했고 시행사 쪽에선 흔쾌히 받아들 였다. 그렇게 흥정이 끝났고, 결국 140만 원을 투자해서 거액을 챙겼다.
다행히 이후 그 시행사의 아파트 개발 사업은 성공리에 마쳤고 나 역시 만족할 만한 큰 성공을 맛볼 수 있었다. 이 일련의 일들이 거의 한 달 안에 이루어진 사건이다. 경매에 함께 참여한 제자들 역시 이 과정을 의심스럽게 지켜봤지만 성대한 결과 앞에서 입을 다물지 못했다. 아마 경매의 신세계를 체험한 덕일 것이다.

이 건으로 나는 1천 배 이상의 이익을 얻었다. 이 경매에 참여할 때 감정가 5,600만 원에 대한 보증금 10% 560만 원을 넷이서 나누어 냈기에 나의 실투자금은 140만 원에 불과했다.

2006년에 맛보게 된 이 경험은 경매 인생을 완전히 바꾸어놓았다. 경매인으로서 보람 있는 기록! 경매사상 10배 이상 낙찰가를 쓴 사람도 처음이었고, 투자금의 1천 배 이상의 수익을 벌어들인 것도 처음이었다. 도전과 성공의 신화라는 수식어가 지금까지 붙어 다니게 해준 경험이다. 그러나 무엇보다 이 경험은 큰 성공을 맛보게 했을뿐더러 땅을 바라보는 관점, 남들과 다른 관점에서 부동산의 가치를 바라볼 때 엄청난 결과를 가져올 수 있다는 가능성을 열어준 경험이었다.

실제 그때부터 경매 인생이 달라졌다. 가파른 상승곡선을 탄 것이다. 그렇다고 오해는 말기 바란다. 무모해 보일지도 모르는, 배짱과 배포가 일의 성공을 보장하는 것은 아니다. 관건은 새로운 가치를 발견했을 때 과감히 도전을 한다는 데 있다. 시도가 성공할 수도, 그렇지 않을 수도 있지만, 결과적으로 볼 때 도전과 성공의 신화라 말하고 싶다. 이때부터 양성된 수천 명의 제자들과 함께 수천억의 자산을 운용하며 경매의 세계에서 활동하고 있기 때문이다. 그래서 경매가 참 재미있고 매력 있는 분야인가 보다.

생각, 모든 성공의 시작

사람들은 늘 무슨 생각을 하고 있다. 그 생각들이 얼마나 가치 있는 생각인지 따져보고 있을까? 따져보든 안 따져보든, 인생은 생각대로 가게 돼 있다. 너무 평범한 말인가? 어디서 들어본 말이겠지만 그 말을 믿고 살아가고 있나? 내겐 그렇게 보이지 않는다. 아무 미동도 없이 너무 수동적으로만 살고 있는 것은 아닐까. 내 생각이 내 인생이라면, 다른 생각을 자꾸 만나야 다른 인생이 시작될 것이다. 그렇게 생각을 만나기 위해 분주히 굴 것 같은데. 과연 그러고 있을까?

내가 갖고 있는 핸드폰은 비싸지만 그것을 잘 사용하고는 있는지 생각해보자. 활용 방법이 너무 많아서 잘 못 쓰고 있는 것은 아닌지. 스마트폰은 훌륭한 발명품이다. 아마 당분간은 그보다 좋은 발명품이 나오지 않을 것 같다. 삐삐라는 기기가 있었는데 그때는 그게 최고의 선물이었다. 이제는 스마트폰이다. 스마트폰 다음엔 뭐가 등장할까?

AI의 대부분은 양자물리학을 기초로 하고 있다. 양자물리학의 기초는 차원이 없는 세상, 빛보다 빠른 속도, 순간을 이동하는 것, 세월을 거슬러 가는 속도란 것을 설명하고 있다. 불사는 죽지 않는다는 뜻이다. 죽는다는 것은 사고와 다름없다. 원래 원자는 죽을 수 없기 때문이다. 원자의 세계에서는 말이다. 미시세계에선 모든 것이 불사다. 그걸 우리 세계로, 거시세계로 적용하게 만드는 것은 정말 힘든 일이다. 많은 배움과 깨우침이 있었다. 스마트폰이 등장하고, 양자컴퓨터도 등장했다. 슈퍼컴퓨터가 100년을 일할 걸 하루에 해내는 양자컴퓨터의 등장. 삼성전자도 양자컴퓨터 관련 회사에 투자했다고 한다.

우리 내일은 어떤 세상일까? 혹시 먹고 사는 문제 때문에 신경 쓸 새가 없을 수도 있다. 하지만 여긴 어떤 자격도 필요치 않다. 만약 자격이 없다고 생각한다면 무슨 얘길 더 할 수 있을까. 무엇이든 탄생 이전에는 생각이 있고, 모든 발명의 시작에는 그게 왜 필요하냐는 질문이 있었을 것이다.

모든 성공의 시작은 생각이다! 생각의 훈련, 생각 방법의 훈련, 성공이 오기까지의 과정은 생각의 과정, 생각을 거듭 시작하는 것이다. 어떻게 과정을 만들 것인가? 난 그런 과정을 반복해왔다.

경매 성공하기, 과정 반복하기.

투자를 해야 되는데 돈은 있어? 정신이 있어 없어? 돈이라니. 허망한 생각일까?

새로운 시각을 갖게 해줄
남들이 보지 않는 정보를 사라

현대 사회가 정보 싸움이라고 하듯 경매도 정보 싸움이다. 정보는 너무도 다양한 채널에서 쏟아지기 때문에 정보의 양보다는 질이 중요하다. 어떤 정보를 취하느냐가 중요하다. 자칫 잘못된 정보 때문에 낭패를 보는 경우가 있다. 소위 '카더라' 통신이 그렇다. '그쪽에 개발 바람이 분다더라. 믿을 만한 정보다' 혹은 '내가 높은 사람을 아는데 그 사람이 알려준 고급 정보다' 등의 정보에는 아예 귀를 막는 것이 좋다.

경매를 하면서 고급 정보를 받지 못했다면 거짓일 것이다. 그중엔 맞는 것도 있었고 틀린 것도 있었다. 중요한 것은 결정권자들은 언제든 바뀐다는 점이다. 하지만 정책은 그대로 시행된다. 정권이 바뀌면 사람도 인맥도 바뀌지만 정해놓은 계획은 그대로 진행되기 마련이다. 그러니 사람이 아닌 토지이용계획확인원 같은 공신력 있는 계획을 믿어야 한다.

가령 국토부 계획이나 토지이용계획과 같이 모든 이들에게 공개되는 계획표 같은 것은 충분히 활용하고 참고할 가치가 있다. 한번 계획된 일은 여간해서 바뀌지 않기에 기관에서 공시되는 정보들을 참고하여 정보를 확보하는 것이 중요하다. 보통 10~20년 미래 계획이 이미 세워져 있기 때문에 인터넷을 통해서도 계획을 확보할 수 있다.

또 하나 팁을 주자면 토지의 경우, 토지만의 계획을 볼 것이 아니라 그 지역의 전년도 인구증가율을 살펴보는 것도 좋다. 보통 인구증가율과 토지상승률이 비례하기 때문인데, 그 도시로 인구가 많이 유입되고 있다면 주목할 만하다.

수익형 부동산의 경우는 지역 정보를 많이 확보하는 편이 좋다. 주변 상가와의 비교, 상가 자체가 가지고 있는 이점 등을 분석해보는 것은 기본이지만 그 이외의 정보를 알고 있을 때 유리하다. 역과의 거리, 눈에 잘 띄는 땅인지 창문이 올바른 쪽으로 나 있는지, 주차 시설은 어떤지, 바람이 통하는 방향까지 다른 사람이 보지 못하는 정보까지 볼 때 물건을 보는 관점이 달라질 수 있다.

주어진 정보 너머를 보라: 맹지와 도로

다음 경매정보지를 살펴보자. 이것이 물건이 되겠는가!

• 의정부지법 고양지원 • 매각기일 : **2008.02.26(火) (10:00)** • 경매 6계(전화:031-920-6316)

소재지	경기도 파주시		도로명검색	지도	지도	주소 복사			

물건종별	대지	감 정 가	307,546,000원	오늘조회: 1 2주누적: 1 2주평균: 0 조회동향			
				구분	매각기일	최저매각가격	결과
토지면적	83.8㎡(25.35평)	최 저 가	(41%) 125,971,000원	1차	2007-10-24	307,546,000원	유찰
				2차	2007-11-21	246,037,000원	유찰
건물면적	건물은 매각제외	보 증 금	(10%) 12,597,100원	3차	2007-12-26	196,830,000원	유찰
				4차	2008-01-24	157,464,000원	유찰
매각물건	토지만 매각이며. 지분 매각임	소 유 자	이○○	5차	2008-02-26	**125,971,000원**	
				매각 : 126,500,000원 (41.13%)			
				(입찰1명,매수인:김○○)			
개시결정	2005-06-04	채 무 자	이○○	매각결정기일 : 2008.03.04 - 매각허가결정			
				대금납부 2008.03.21 / 배당기일 2008.05.09			
사 건 명	강제경매	채 권 자	박○○	배당종결 2008.05.09			

자료: 옥션원

• **매각토지.건물현황** (감정원 : 다우감정평가 / 가격시점 : 2005.07.15)

목록	지번	용도/구조/면적/토지이용계획	㎡당 단가	감정가	비고
토지		* 일반상업지역, 도시계획시설 도로저촉,군사시설보호구역	대 83.8㎡ (25.35평)	3,670,000원	307,546,000원	표준지공시지가: (㎡당)1,800,000원 ▶ 전체면적 419㎡중 이○○ 지분 1/5매각 * 소유권제한받는경우:99,090,000원
감정가	토지:83.8㎡(25.35평)		합계	307,546,000원	토지만 매각이며. 지분 매각임
현황 위치	* ▨▨▨▨▨▨터미널 남서측 인근 위치,버스정류장 인근 소재,대중교통여건 보통,차량출입 가능 * 인근은 근린생활시설 및 주택등이 혼재된 노선상가지대 및 주택지대임 * 부정형토지,근린생활시설 건부지로 이용중임,중로각지				
참고사항	* 제시외건물 입찰제외				

자료: 옥션원

이 정도로는 부족하다. 이제 대지에 대한 정보를 좀 더 자세히 들여다보자. 경매에 참가해도 물건이 되겠는가!

• 토지등기부

No	접수	권리종류	권리자	채권금액	비고	소멸여부
1	1990.02.07	권○○지분전부이전	이○○		매매,이○○,▩▩ 각198/10796	
2	1994.11.14	이○○지분전부가압류	박○○		말소기준등기	소멸
3	1994.12.03	이○○지분부가압류	김○○			소멸
4	1995.10.24	소유권이전	이○○		공유물 분할,이○○,▩▩ 각1/5	
5	1997.06.18	이○○지분부압류	파주시		세무13410-1622	소멸
6	2005.06.09	이○○지분강제경매	박○○	청구금액: 100,000,000원	2005타경▩▩	소멸
7	2006.07.25	이○○지분압류	국민건강보험공단			소멸
8	2006.08.24	이○○지분압류	파주세무서			소멸

등기부 분석	▶전체면적 419㎡중 ▩▩▩지분 1/5 매각주의(건물은 매각제외)
주의사항	▶법정지상권성립여부 불명

답은 '돈이 되는 물건'이라는 것이다. 도전해봄직한 물건이다. 실제로 경매에 참여해 낙찰을 받았던 사례이기도 하다.

그런데 물건 정보를 보면 그리 매력적으로 보이지 않는다. 왜 그럴까 한번 생각해보자. 일단 25평 조금 넘는 대지인데다 도로 사정도 그리 좋아 보이지 않기 때문이다. 맹지다. 여기까지의 정보만 취합하면 입찰에 참여하지 않는 편이 나을 수도 있지만 고수는 도전한다. 앞서 나온 정보를 다시 보자. 일부 도로계획시설 도로 저촉은 새로 뚫리는 도로에 본 땅이 일부 걸친다는 말이다. 바로 현황 위치에 적어놓은 도로에 주목해야 한다. 맹지의 반란, 다시 말해 도로에 대한 정보가 주는 반전이 있어서다.

도로가 주는 힌트

부동산과 도로는 아주 밀접하다. 토지에 도로가 없다면 앙금 없는 찐빵이다. 도로가 없으면 건축허가가 불가능하기 때문이다. 때문에 경매정보지에 표시된 도로와 관련된 정보를 꼼꼼히 살펴보면 예상치 못한옥석을 가릴 수 있다.

앞서 소개한 대지의 경우 현황에 대한 소개 부분을 보면 주목해야할 부분이 있다.

- **버스공용터미널 남서측 인근 위치, 버스 정류장 인근 소재, 대중교통여건 보통, 차량 출입 가능**
- **근린생활시설 및 주택 등이 혼재된 노선상가지대 및 주택지대**
- **부정형토지, 근린생활시설 건부지로 이용 중, 중로각지**
- **일부 도로계획시설 도로 저촉**

이 대지의 경우 지도를 살펴보면 도로와 완전히 접촉해 있지 않다.맹지라고 오해하기 쉬운 부분이기도 하다. 하지만 지도의 부분에 '도로계획시설 도로 저촉'이란 표현이 나온다. 이 정보가 큰 힌트가 될 수있다. 한마디로 이 정보는 향후 토지이용계획을 계획하고 있다는 것을의미한다. 대박의 가능성이 농후하다.

경매 고수가 되려면 정보지 너머의 것을 볼 줄 알아야 한다. 특히 토지경매에 있어서 맹지가 나왔을 때 그것의 가치 여부를 측정하는 중요한 기준은 도로가 된다. 도로에 대한 다양한 표현 방법, 그 속에 담긴 의미를 잘 파악하면 되는 것이다. 정식 도로와 접하여 있지 않을 때 표현하는 방법은 다음과 같다.

❶ 도로 없음

❷ 맹지임

❸ 도로 근접

❹ 도로 인접

❺ 인접 필지 통해 출입

❻ 현황도로 있음

❼ 차량 출입 가능

다음과 같이 표기되는 도로의 상황엔 각각의 의미가 있다. 일곱 경우 모두 지적도상 도로, 즉 건축법상 도로가 없음을 뜻한다. 한마디로 맹지란 말이다. 맹지는 건축이 불가하다. 하지만 이건 서류상에서만 그렇다.

현장을 조사해보면 또 다른 답이 나올 수 있다. 예를 들어 '도로 인접'이라고 표기된 곳을 나가보면 거의 도로와 맞붙어 있는 모습을 볼 수 있다. 왜? 도로와 1cm만 떨어져 있어도 '도로 인접'이라 표현하게 되어 있다. 도로와 땅 사이에 구거가 있을 땐 '인접 필지 통해 출입'이라 표현한다. 이런 경우는 맹지가 아니다. 도로와 땅 사이에 구거가 있다면 그곳을 메꾸어 쓰거나 거치대를 놓고 출입하면 바로 도로와 맞닿은 땅이 된다. 땅의 가치가 하늘과 땅이 되는 셈이다.

'현황도로 있음'이란 표기는 어떤 면을 보아야 할까. 건축법상 도로가 없기에 그 땅에 건축할 수 없다는 것일까? 이곳에서 새로운 사실을 발견할 수도 있다. 만약 이 땅에 건축이 가능해진다면 가격은 대박으로 뛴다. 도로는 가치 없는 땅을 가치 있게 창조하는 방안이 될 수 있다.

예를 들어 현황도로가 수십 년 된 도로인 경우 지자체에 건축허가를 요청할 때 허가받는 일이 용이하다. 물론 지자체마다 다를 수 있지만 대부분 지역의 발전을 위해 지자체에서 건축허가를 요구할 때 받아들여질 확률이 있고, 그렇게 되면 결국 나중에 정식 도로가 생길 가능성이 생긴다. 예를 들어 다음과 같은 경우다.

- 현황도로가 오래된 도로일수록 가능성이 크다.
- 현황도로가 포장이 되어 있다면 손쉽게 수확을 얻을 수 있다.
- 현황도로가 마을을 통과하는 도로라면 수확을 생각한다.
- 현황도로가 도시가 아닌 ○○면 ○○리와 같이 작은 지역으로 갈수록 수월하게 건축허가를 받는다.

말하자면 없는 길도 만들 수 있다. 그렇게 길을 창조함으로 토지경매의 또 다른 가능성을 찾을 수 있다.

도로 표시에 있어서 '차량 출입 가능'이란 설명이 붙어 있을 때도 유심히 봐야 한다. 물론 이 경우도 지적도상 도로가 없다는 뜻이다. 물론 현장을 찾았을 때 도로 상태가 안 좋을 수도 있다. 그런데 현장을 가보니 이미 도로가 있는 경우가 있다. 차량 출입에 문제가 없을 땐 생각을 달리할 필요가 있다. 그 도로 땅의 주인이 분명히 있을 터, 출입을 이미 허가하고 있으니 이땐 토지대장을 발급받아 주인을 확인해 본다. 차량 통행을 허락한 경우라면 국가 또는 지방자치 땅일 수 있다. 이런 경우, 그 땅을 사용하는 일이 어렵지 않다. 대가를 지불할 수도 있지만 도로로 활용할 가능성이 있다.

이런 정보 외에 또 다른 설명으로 이런 것들을 접할 수 있다.

❶ 도로접
❷ 4미터 도로접
❸ 6미터 도로접
❹ 대로 접·저촉
❺ 접도구역 저촉

이는 도로가 있다는 표기로, 이 역시 현장으로 가서 확인해봐야 한다. 또한 지적도에 도로가 있다고 해도 그 도로가 개인의 땅이라면 진입에 어려움이 있을 수도 있다. 그러므로 도로와 관련한 사항은 직접 가서 살펴보고, 서류로 검토해본 뒤 도로의 소유주가 누구인지 확인해보는 현장검증을 거쳐야 한다. 특히 건축허가 부분은 지자체마다 적용 방법이 다르기에 건축허가 여부를 담당 공무원에게 확인을 받아야 한다.

뜻밖의 효자, 도시계획도로

토지경매를 하다 보면 맹지를 쉽게 판단하여 건수를 놓치는 경우가 있다. 앞서 도로에 관해 살펴본 내용이다. 그런데 그중 특별하게 살펴볼 부분이 있다. 바로 도시계획도로다.

앞선 물건의 내용을 살펴보면 '일부 도로 도로계획시설 도로 저촉'이라는 설명이 나온다. 지적도를 살펴봐도 거의 맹지에 가까운 땅이지만, 도로계획시설 도로와 저촉한 부분이 있다. 뜻밖의 행운을 만난 케이스다. 이런 곳의 토지이용계획을 떼어보면 대부분의 경우 새로운 계획도로가 생길 가능성이 있다. 실제 이런 곳의 토지이용계획확인원을 보면 그 토지 주변 도로계획이 점선으로 표시되어 있을 확률이 높다. 이런 정보를 확인했다면 도전해야 한다. 뜻밖의 행운이 찾아올 것이다.

놓친 버스는 돌아보지 말되,
깨달음을 얻어라

'놓친 버스는 돌아보지 말자.'

경매 인생 가운데 스스로 터득한 원칙이다. 요행을 바라거나 혹시나 기대하는 마음으로 기웃거리지도 말자는 것이 나의 철칙이다. 그러다 보니 시원시원하다는 소리도 듣는다. 그런데 놓친 버스 중에 아직까지 기억에 남는 물건 하나가 있다. 아주 대단한 물건은 아니었지만 다만 당시 권리분석을 하면서 놓친 부분이 있었고, 필과 촉과 깡을 믿지 못하고 주저했던 것에 대한 후회인지도 모른다.

도전했던 물건은 수익형 상가였다. 2층 건물의 1층이었고 43평 조금 넘는 상가였다. 영업은 하지 않는 상태였고, 이미 몇 차례 유찰이 되어 가격은 많이 떨어졌지만 그만큼 더 살펴볼 사항이 많다는 뜻이었다.

보통 상가를 선택할 때는 크게 성숙된 상가와 비성숙 상가 두 가지로 구분한다. 경매로 나온 곳은 비성숙 상가에 가까웠다. 성숙된 상가는 말 그대로 상권이 안정적으로 형성돼, 유동 인구도 많고 교통도 용이하다. 이미 상권이 형성되었기에 특별히 싸게 살 수는 없다. 반면 비성숙 상가는 판단이 어렵다. 장소마다 장사가 들쭉날쭉하기 때문이다. 게다가 상가에서 가장 좋은 위치가 어디인지 헷갈리기에 그 근처에서 많은 시간을 보내봐야 한다. 상가를 주로 찾는 연령층이 어떤지, 그들이 주로 많이 가는 곳은 어딘지, 소비 정도는 얼마나 되는지 등을 살피는 것이다. 또 어떤 업종을 하면 좋을지 가늠할 수도 있어야 한다.

현장을 가보니 과연 판단이 어려웠다. 인근에 유사 규모의 상가, 근린생활시설, 전답의 농경지 등이 혼재되어 있었고 도로나 교통 시설은 보통이었다. 상가가 위치한 2층짜리 건물엔 여러 음식점들이 영업 중이었다. 그래도 유동 인구가 꽤 되었다.

관건은 위치였다. 그 상가는 도로가 꺾이는 곳에 바로 위치하고 있었는데 그 장소가 돌출되어 있었다. 한마디로 다른 건물보다 튀어나와 있었기 때문에 눈에 띄었다.

'어? 저렇게 눈에 잘 띄는 곳이면 장사도 잘되지 않을까?'

내가 만약 사람들 상대하는 장사를 한다고 할 경우, 목숨 걸고 찍어야 할 장소였다. 그런 곳이라면 아무리 비성숙 상가라 해도 임대에 대한 걱정은 하지 않을 테니 충분히 도전해볼 가치가 있었다. 가장 중요한 관점은 이 동네가 식당가란 점이었다. 상인들의 특징은 자신이 음식을 잘한다고 장담한다는 것이다. 그렇다면 그들이 노리는 것은 장소, 위치에 집중할 것이고 나는 거기에 타깃을 맞추면 될 일이었다. 즉 꼭 1등을 해야 하는 이유였다.

뼈아픈 2등의 교훈

등기부 현황을 살펴보니 근저당이 있었고 이전의 임차인은 근저당 후 상가를 임대했기에 낙찰자가 인수할 부분은 없었다. 중요한 것은 가격이었다. 이미 세 차례나 유찰이 된 상태라 4억 8천을 호가하는 상가가 1억 6천으로 떨어져 있었다. 얼마나 수익을 볼 것인가 계산을 해보았다. 이 상가에 음식점을 임대했을 경우 보증금 7천만 원에 월세 350만 원은 가능해 보였다. 현장 조사를 통해 얻은 정보였다. 얼마를 써야 할까? 전번 최저가를 넘겨야 하나? 전 입찰 때 응찰자가 없었기에 나는 지난번 최저가만 넘기면 1등을 하지 않을까 싶었다. 그런데 이게 웬일인가. 2등이었다. 1등 낙찰자가 쓴 금액은 전번 매수가를 훨씬 넘긴 2억 5,100만 원이었다. 그보다 낮게 쓴 나는 깨끗이 패배를 인정했다. 1등 낙찰받은 분을 쳐다봤다. 웃음기 가득한 표정으로 승자의 여유를 누리고 있었다.

'아……내가 왜 확 지르지 못했지?'

후회해도 소용없었다. 어쨌든 낙찰받은 분 역시 위치 계산에 능한 분이 틀림없다. 조사한 것처럼 보증금 7천에 월 350만 원 받는 세입자에게 임대할 경우, 2억 5천에 대한 80% 대출을 받는다면 2억 정도 대출이 가능하고, 취득세를 낸다지만 보증금 7천만 원이 들어오므로 계산해보면 오히려 대출받은 돈이 남는다. 게다가 순수익 연4,200만 원에서 대출이자를 빼면 3,600만 원 수입이 들어오니 고스란히 그 수입이 수익이 되는 셈이다. 투자한 돈이 없고 수익만 연 3,600만 원, 3,600% 수익률이니 알토란 같은 수익이다. 낙찰에서 떨어진 뒤 1등을 한 분의 마음을 들여다보았다. 그러고 보니 그분은 마음이 넉넉한 분이란 생각이 들었다. 비록 떨어졌어도 기뻤다. 고수의 마음을 발견했기 때문이다.

비성숙 상가 선택하기

물론 비성숙 상가를 잘못 선택해서 망할 수도 있다. 최악의 경우, 가격의 경쟁력도 덜한데다 임대가 잘 되지 않아서 월 소득은커녕 손해만 볼 수도 있단 말이다. 그렇기 때문에 수익형 부동산 경매에 도전할 때는 권리분석에 있어서 상권에 대한 분석도 함께 이루어져야 한다.

비성숙 상가 경매에 도전할 때는 반드시 현장 조사를 통해 장사가 될지 안 될지 살펴봐야 한다. 상가가 위치하고 있는 곳과 인구밀도, 인구 이동, 이동 거리는 얼마나 되는지, 해마다 인구증감률 등 요건을 살펴보는 것은 기본이다. 이중에서도 특히 장사 정도를 살피는 것이 중요한데, 업종에 따라 다르겠으나 가능한 한 영업시간별로 살펴보면 좋다.

예를 들자면, 수년 전 수익형 부동산 입찰에 참여했을 때였다. 감정가가 10억을 상향하는 규모 있는 상가였는데 한 차례 유찰되어 7억까지 떨어진 상태였다. 위치나 인구밀도 등 서류상으로 살펴보니 괜찮은 것 같아 현장을 찾았다. 손님이 되어 상가에 들어가 음식 맛도 보면서 추이를 살펴보았다. 적어도 현장을 세 번 가는 습관 때문에 하루는 오전 시간, 하루는 주말 종일, 또 하루는 오후에 가서 조사해보니 다음과 같은 결과가 나왔다.

평일 오전 22명

평일 점심 152명

평일 오후 150명

주말 오전 22명

주말 오후 300명

이런 데이터를 가지고 매출을 계산해보았다. 1인 밥값을 7천 원으로 치고, 저녁 손님의 경우 술손님인 것을 감안할 때 1만 5천 원으로 쳐서 매출을 내보니 한 달 매출이 1억 정도였다. 그렇다면 종업원 3명, 주방 4명, 관리비, 소모비 등을 감안할 때 월 5천 이상 이익이 확실해 보였다. 이러한 나만의 데이터가 있을 땐 좀 더 공격적으로 입찰에 도전할 수 있고, 낙찰이 된 후에도 그에 상응한 임대료를 요구할 수 있다.

비성숙 상가의 경우도 다르지 않다. 그때는 조금 더 자세히 들여다보고, 잠재 고객은 어떤 이들인지, 인근 상가의 상황은 어떤지 살펴본 뒤 비교해보고 어떤 업종이 좋을지 생각하면 더 좋을 것이다. 그런데 비성숙 상가의 경우 은행 대출이 좀 더 보수적일 수 있으니, 그 점은 감안하는 편이 좋겠다.

고수가 되려면
물건을 보는 관점을 바꿔라

^
^ ^
^ ^
^

퀴즈를 하나 풀고 가자. 사거리 옆 토지 네 군데가 경매로 나왔다. 모두 토지 위에 건물이 있는데 토지만 경매에 나온 경우다. 어느 곳을 선택할지 각자 정해보자. 이는 건물의 법정지상권 유무에 관계없이 좋은 공부 자료가 될 것이다.

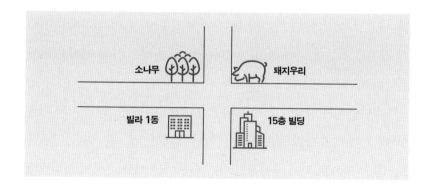

첫 번째 토지는 겉으로 보기엔 평범한 토지면서 소나무가 자라 있다. 두 번째 토지는 돼지우리가 만들어져 있다. 세 번째 땅 위엔 빌라가 지어져 있고 마지막 토지엔 15층짜리 빌딩이 지어져 있다. 경매로 나온 가격이 10억 정도다. 원래는 20억 상당의 가치가 있는 토지이기에 가격은 상당히 좋은 편이다. 당신이라면 이 넷 중 어느 쪽 토지를 사고 싶은가?

아마 이쯤 법정지상권 성립 여부를 궁금해한다면 당신은 이미 기본기를 갖춘 셈이다. 좋은 지적이다. 건물 주인과 토지 소유주가 다르다. 이런 상황에서 땅을 고르라고 하면 다들 고민을 한 바가지 한다. 아무래도 갈등이 생기지 않으려면 자연 지형이 있는 소나무가 있는 땅이 좋을 것도 같고, 돼지우리도 좀 지저분하긴 해도 문제가 없어 보인다. 왠지 빌라나 빌딩은 세입자들과의 관계가 복잡해 보이는 것이다.

여기까지 들어보면 소나무나 돼지우리가 있는 땅을 선택하는 것이 맞는 것 같은데, 틀렸다. 빌딩이 있는 땅을 겨냥해야 한다. 소나무와 같은 자연 지형, 또는 돼지우리와 같은 것이 땅 위에 있다면 너무 평범하다. 땅으로서의 가치도 떨어진다. 토지는 건물이 설 때 수익적인 면에서 가치를 갖는다. 주거형 빌라보다 상업용 빌딩이 그런 면에서 훨씬 이익이 있다.

그렇다면 법정지상권 문제는 어떻게 해결해야 하는가? 토지와 건물이 있을 때 토지를 소유하고 있는 쪽이 절대적으로 우세하다. 건물은 토지를 기반으로 위에 세워진 것이기 때문이다. 다만 건물이 세워지면서 법정지상권 성립 여부를 따져보아야 하는데, 거의 토지 주인이 건물에 대해서는 승리한다. 토지 소유주가 건물 철거명령권을 갖게 될 때 이익은 배가 된다. 토지 소유주는 건물주에게 철거 명령을 내릴 수 있고, 괜찮은 빌딩일수록 땅 주인과 거래할 수밖에 없다. 건물이 좋을수록 여러모로 토지 소유주에게 효자가 된다.

이렇듯 물건을 보는 관점이 달라질 때 고수로 갈 수 있다. 물론 앞서 기본기를 갈고닦을 때 하자 있는 경매 물건에 대해서는 피하라고 조언한 바 있다. 경매에 입문한 지 얼마 되지 않는 초급자라면 당연히 그래야 한다. 굳이 손해 보는 부분까지 떠안으면서 낙찰을 받는 것은 무척 복잡하고 불편할 수 있다. 잘못하다가 오히려 손해 보는 수도 있다.

그런데 고수가 되려면 하자 있는 물건의 가치를 다르게 볼 수 있어야 한다. 물론 그중엔 깡통도 있다. 건드려선 안 될 물건도 분명히 존재한다. 다만 그 속에 섞여 있는 진주를 구분해낼 수 있어야 한다. 그래야 치열해진 경매 경쟁 사회에서 우위를 점할 수 있다. 참고로 나는 이러한 경우에서 실패한 적이 없다. 초짜 때 된통 혼난 적이 있지만 오히려 신속한 매도를 통해 수익을 창출했다.

특수물건을 공략하라

하자 있는 물건을 다른 표현으로 특수물건이라 한다. 이 물건은 잘 공략하면 톡톡히 효자 역할을 한다. 대부분의 사람들이 꺼리는 물건들, 앞서 예를 들었던 것처럼 땅과 건물 중 땅만 매각할 때 그 위에 세워진 건물은 대부분 법정지상권 성립 여부를 따져봐야 한다. 땅이 건물을 우선하는 경우가 대부분이기에 이런 특수한 건에 대해서는 특별한 눈으로 봐야 한다.

땅이 있고 그 땅 위에 5층짜리 건물이 서 있다면 이 건은 공략해보아야 한다. 경매에 관심이 있는 많은 이들은 이런 건을 꺼리기에 일단 경쟁자가 적다. 상대적으로 가격 우위를 점할 수 있다. 물론 이 경우 법정지상권 성립 여부로 은행 대출이 어려워질 수 있기에 그 점은 감안해야 한다.

그럼에도 도전할 자본적 여유가 되면 특수물건에 대한 관점을 열어둘 필요가 있다. 유치권이나 법정지상권 등에 관한 특수물건에 대한 보수적인 관점을 조금만 바꾸어 새로운 눈으로 바라볼 때 얼마든지 기회는 있다.

우리 경매 학원에서 경매를 배운 제자들 중 한 사람은 1년간 특수물건만 8건 도전했다가 4건 성공했다. 다행히 승률이 높아 자신감을 얻고 그쪽 분야로만 도전 중이다. 당연히 수익률도 매우 높았다.

단, 특수물건을 다룰 때 조심해야 할 부분이 있다. 법정지상권에 관련한 물건일 경우 저당권이 설정되어 있을 때 도전 가치가 있다. 하지만 저당권이 아닌 가압류가 된 상태에서의 지상권이 걸려 있을 땐 더욱 특수한 물건이 되므로 복잡해진다. 승률도 낮아진다.

앞에서 설명했듯 타인 건물이 있는 토지는 대출이 금지된다. 그런데 이 토지에는 왜 저당권이 있을까? 그건 바로 저당권 설정 당시 건물이 없었다는 것을 의미한다. 따라서 저당권 설정 이후 건물은 마땅히 철거된다.

여기서 또 하나 감안해야 할 것은 저당권이 설정된 것일지라도 은행 저당권이 설정된 시점을 잘 살펴보아야 한다는 것이다.

예를 들어 근저당 날짜가 2018년 9월 1일이라고 해보자. 그런데 이 토지 위에 세워진 건물이 언제 지어졌는지 살펴보니 2017년 10월 1일이었다. 이런 경우, 건물이 먼저 섰고 은행이 이 건물을 보고 돈을 빌려줬으니 법정지상권을 성립되는 것이다. 아무리 토지의 소유주라 해도 이런 건물은 철거할 수 없다. 이런 물건에 도전하면 낭패를 본다는 소리다.

맹지를 다시 보자

"에이, 거기 맹지예요 맹지. 사지 마세요."

경매로 나온 파주 운정 지구의 땅을 보러 다닐 때였다. 열이면 아홉, 그 땅을 두고 쓸모없는 땅이라며 무시했다. 틀린 말이 아니었다. 사진으로 보나 정보지를 봐도 그 땅은 도로와 떨어져 있는, 한마디로 쓸모

없는 땅이었기 때문이다.

아마 거기까지만 생각했더라면 나 역시 정보지를 덮었을 것이다. 그런데 현장을 다녀오고 나서 생각이 달라졌다. 물론 현장을 가서 살펴보니 맹지는 맹지였다. 도로와 떨어져 있는 땅이 맞았다. 그런데 가만 보니 운정 지구에 대한 개발 이야기가 들려오고, 도로와 그리 떨어진 곳도 아니었다. 지하철역이 들어서면 도로가 날 만한 곳으로 보였다. 자꾸만 촉이 그쪽으로 끌리고 있었다.

하여 그 근처 땅의 지적도를 몽땅 떼어보았다. 그런데 이게 웬일인가, 도로와 내가 본 땅 사이의 땅이 국가 소유의 땅이었다. 국가 땅은 명분이 있을 때 개인이 사용할 수 있다. 그러므로 이건 맹지가 아니었다. 얼마든지 활용 가능한 가치 있는 땅이었다. 그렇게 경매 토지를 낙찰받았고 그 땅을 통해 수익을 얻을 수 있었다.

이처럼 토지를 볼 때는 물건 보는 관점이 달라야 한다. 국토부에서는 장·중·단기 토지이용계획을 세운다. 이러한 정보는 거의 맞기 때문에 향후 토지의 이용 정도를 가늠할 수 있다. 아무리 맹지라도 활용 가능하다는 말이다.

또한 남북한의 관계가 화해 무드로 돌아서면서 파주 지역이 뜨게 된 것도 지역적 특성, 정치 사회적 이슈에 민감하게 반응하면 알 수 있다. 그런 곳을 공략하는 것도 경매의 내공을 쌓는 방법이다. 특히 파주 같은 특수한 경우 민통선과 같은 특별한 관리지역의 땅을 공략할 수도 있다. 물론 일반적인 경우라면 민통선 지역의 토지는 건드리지 않는 게 맞다. 그러나 남북의 화해 무드가 조성되는 상황에서는 특별한 물건이 될 수 있다. 이러한 맹지를 새로운 눈으로, 시각으로 바라볼 때 얻어지는 게 크다.

못생긴 사과도
맛이 좋을 수 있다는 걸 새겨라

흔히 하자 있는 물건은 아예 도전도 하지 말라고 한다. 하자가 있다는 것은 뭔가 상황이 매끄럽지 않다는 뜻이다. 하지만 산 좋고 물 좋고 정자 좋은 곳은 없다. 뭔가 어려운 고비를 넘어야 더 좋은 풍경을 볼 수 있듯 경매에 있어 흠 없고 좋은 사과는 없다. 하자 있는 사과를 잘 골라 먹을 때 맛난 사과를 맛볼 수 있다. 그래야 경매 고수가 될 수 있다.

각종 권에 걸려 있는 부동산, 모든 사람들이 아니라고 생각하는 맹지, 못생긴 땅, 모두 잘만 활용하면 맛있는 사과로 거듭날 수 있다. 그래서 사과를 잘 골라야 한다. 경매의 꽃은 '특수물건'이라는 말이 있다. 지금 현재의 모습으로 미래를 상상하려면 물건을 직접 만져보고 발로 뛰며 시찰하는 것이 중요하다. 자, 이제 내가 고른 못생긴 사과를 소개해보려고 한다. 맹지의 경우다.

미래를 예측할 수 있다면!

누구나 미래를 예측하고 싶어 한다. 한 시간 후 미래를 알고 있다면 삶은 달라질 것이다. 물론 돈도 보일 것이기에 풍요로울 수 있다. 물론 꿈같은 이야기지만, 상상하고 미래를 그려보면 불가능하지 않을 수도 있다. 파주 금촌동에 미니 신도시를 건설할 때 내가 경험한 사건이다.

2000년도의 일이다. 경매로 나온 토지가 있어서 현장으로 향했다. 값이 쌌던 터라 마음의 준비는 하고 갔으나 딱 봐도 맹지였다. 평당 5만 원의 399평짜리 토지였다. 그러니 총액이 2천만 원이 조금 안 되는 가격이었다. 내가 직접 입찰에 참여하는 것이 아니라 고객으로부터 컨설팅을 의뢰받은 일이었다. 그래서 더 신경이 쓰였다.

동네 분위기는 조금 어수선하다고 할까, 삼삼오오 마을 주민들이 짝을 지어 이야기를 나누는 모습이 눈에 들어왔다. 곁으로 가서 이야기를 들어보니 동네 개발에 대한 이야기였다. 개발 이야기가 거론되자 옳다구나 싶었다. 조금 더 깊숙이 들어가보자 싶어 주민들과 말을 섞었다. 개발이 되면 좋지 왜 그렇게 심각하냐고 물으니 보상가격이 관건이었다. 개발을 반대하는 사람은 없지만 보상은 많이 받고 싶어 하는 심리는 누구나 같은 것이니까.

나는 그 길로 파주시청으로 향했다. 서류상 검토가 필요하다는 판단이 들었다. 정말 개발이 시행되는지 확인하기 위해서였다. 토지이용계획서를 떼어보니 개발에 대한 확신이 들었다.

의정부2계 2000-■■■■ 상세정보

경매구분	임의(기일)	채 권 자	파주신협	낙찰일자	01.12.18 (종결)
용 도	답	채무/소유자	■■■■	낙찰가격	62,300,000
감 정 가	19,830,000	청 구 액	180,000,000	경매개시일	00.12.14
최 저 가	19,830,000 (100%)	토지총면적	1322 ㎡ (399.9평)	배당종기일	
입찰보증금	용찰가의 10%	건물총면적	0 ㎡ (0평)	조 회 수	금일1 공고후8 누적0
주의사항	·맹지				

■ 물건사진 0
■ 지번위치 1
■ 구 조 도 0

우편번호및주소/감정서	물건번호/면 적 (㎡)	감정가/최저가/과정	임차조사	등기권리
■■■■ 경기 파주시 ■■■■ ◆감정평가서정리 - 교하교남동측및 경의선서측소재 - 차량출입불가능 - 정방형토지 - 지적상맹지 - 준농림지역 - 개발계획미수립지역 - 군사시설보호구역 000.12.23 청원감정 표준공시지가 : 22,000 감정지가 : 15,000	물건번호: 단독물건 답 1322 (399.9평) (현:휴경지,잡종지) 농취증필요	감정가 19,830,000 최저가 19,830,000 (100.0%) ●경매진행과정 19,830,000 낙찰 2001-12-18 62,300,000 (314.2%) - 용찰 : 14명 - 낙찰자: ■■■■ 종결 2002-03-07		근저당 금촌신협 권 1997.06.30 180,000,000 지상권 금촌신협 1997.06.30 30년 가압류 ■■■■ 1998.11.25 119,000,000 압 류 파주시 1999.03.23 근저당 ■■■■ 권 2000.08.17 150,000,000 임 의 파주신협 2000.12.21 ·청구액:180,000,000원 압 류 고양세무 2001.02.23 등기부채권총액 449,000,000원 열람일자 : 2001.12.04

예상배당표 [최저가 19,830,000 원으로 분석]

	종류	권리자	등기일자	채권액	예상배당액	인수	비고
등기권리	근저당권	금촌신협	1997-06-30	180,000,000	17,028,740	말소	말소기준권리
	지상권	금촌신협	1997-06-30			말소	
	가압류	■■■■	1998-11-25	119,000,000		말소	
	압 류	파주시	1999-03-23			말소	

'확실히 개발된다.'

문제는 경매로 도전할 토지였다. 누가 봐도 맹지인 토지, 개인이 그 토지를 보상한다면 아무리 보상을 받는다 해도 금액이 적다. 하지만 그 토지를 개인이 아닌 기관이 수용한다면 어떻게 될까? 하늘과 땅 차이가 난다. 예를 들어 국가나 지자체가 도로를 건설하거나 뭔가를 개발할 요량으로 그 토지까지 수용하게 될 땐 엄청난 보상가가 돌아오게 되어 있다.

나도 모르게 이런 꿈을 꾸게 되었다. 아무도 거들떠보지 않은 땅, 400평이 조금 못 되는 땅을 보면서 나는 그렇게 꿈을 꾸었다.

이미 주변에선 보상가가 얼마가 되었네, 더 올랐네 이야기들이 들려왔다. 개발은 거의 확실시된 것 같았지만 그 맹지가 물건이 될 것이란 생각은 생각뿐이었다. 그래도 가지고만 있어도 손해 보지 않으리라는 확신이 들었고 입찰을 결정했다.

못생긴 사과의 미래

지역 개발과 함께 보상에 대한 확신이 들자 의뢰인과 의논할 부분은 입찰가였다. 지역 주민들에게서 평당 70만 원의 보상가격이 거론되고 있으니 아무리 맹지라도 평당 50만 원은 받을 것이라는 생각이 들었다. 2억이란 큰돈이다.

현재 감정가로는 2천만 원 정도인데 입찰가를 얼마를 써야 할까? 동네 개발에 대한 소식을 나만 들었을 리 없다. 얼마나 많은 이들이 소식을 듣고 경매에 도전하겠는가.

나는 다시 현장을 찾았다. 그날따라 비가 내리고 있었다. 다시 본 맹지는 훨씬 친근해져 있었다. 근처 원두막에 서너 분이 모여 막걸리를 나누고 계셨다. 그날은 주민들과 이야기나 나누고 와야겠다고 생각하며 넉살 좋게 앉았다. 이런저런 이야기를 듣는데 마침 이장님이 계셨고 넌지시 물었다.

"여기 보상가가 좀 오른 모양입니다."
"그게 말하는 게 다 달라요. 누구는 80만 원 받는다. 또 누구는 120만 원도 받는다고 해요."
"이장님, 보상받는 땅이 어디서부터 어디까지예요?"

맘씨 좋은 이장님은 손가락을 들어 손짓을 해주었다. 초등학교 옆 은행나무부터 시작된 손짓이 물가 언저리 밭 끝을 지났다. 손짓을 따라 움직이다 보니 헌 건물 창고 농사짓는 원두막 농지 등이 펼쳐졌다.

바로 그때, 기차가 그 옆을 지나가고 있었다. 퍼뜩 기차 소리에 나의 감각도 깨어났다.

'기차? 아…… 경의선 열차가 여길 지나고 있구나. 그렇다면?'

순간 나도 모르게 소리를 지를 뻔했다. 문산에서 서울역까지 가는 경의선 열차가 그곳을 지나가고 있었는데, 기차가 지나가는데 지역이 개발이 된다면 제일 먼저 무엇이 생겨날 것인가. 바로 지하철역이다. 만약 지하철역이 생긴다면 전체적으로 개발된 중간지점에 생길 것이라는 확신이 들었다. 도전하려던 토지는 그 중심에 있었다.

'아! 그래 역이다! 역세권 땅이 되는 거다.'

마침 기차가 지나가는데 그 소리가 어찌나 우렁차던지, 내 머릿속에서 떠오른 번개 같은 영감을 표현하는 듯했다.

잠시 흥분을 가라앉히고 미래를 그려보았다. 틀림없이 역이 생길 것이고, 80만 평이 개발되면 유입되는 인구만 해도 4~5만은 족히 될 것이었다. 그 많은 인구가 오가는 역 주변의 땅이라, 대박이었다. 이건 반드시 얻어야 할 토지였다. 사무실로 돌아와 몇몇 사람에게 생각을 물었는데, 다들 긍정적인 반응이었다. 이제 입찰만 통과하면 될 일이었다.

여기서 잠깐, 하나 짚고 넘어갈 이야기가 있다. 그날 땅의 중심에 서서 전율을 느끼면서 느꼈던 것이 또 하나 있다. 기차 소리를 듣고 흥분한 나와는 달리 다른 이들은 흥분하지 않았다는 것이다. 나는 사무실을 나와서 집으로 갈 때도 계속 생각하며 흥분했는데 왜 다른 사람은 흥분하지 않았을까. 아마도 확신을 갖지 못해서일 것이다. 역이 생길 수 있다는 꿈을 꾸기보다 역이 생겨야만 생겼구나 하는 자세, 우리 속담에 관 뚜껑을 열어야 눈물을 흘린다는 말이 있는 것처럼, 미래를 미리 생각하지 못하는 것 같다. 미래가 불투명하다 미래를 잘 모르겠다고 말하지만 미래는 내가 받아들이는 것에 따라 모양이 바뀐다. 확신을 갖고 받아들일 때 미래가 오는 것이다.

미래로 가다

경매를 결정할 때까지만 해도 책정한 가격에 대한 자신이 있었는데, 막상 입찰 날이 되어 보증금을 챙겨 법원에 가보니 느낌이 싸했다. 사람들이 꽤 많았는데 이 말은 곧 뭔가 낌새를 알아차렸다는 것을 의미했다. 혹시 역이 생긴다는 것이 알려지면 사람이 몰릴지도 모르겠단 생각에 불안이 밀려왔다.

법정에 들어가 입찰표를 받고 작성을 앞두고 있는데 마음이 너무 불안했다. 이상한 촉이었다. 내 표정이 좋지 않다는 걸 눈치챈 의뢰인이 물었다. 나도 솔직히 말했다. 쓰기로 했던 금액이라면 1등을 못 할 것 같다고 이야기를 전했다.

"그럼 얼마를 쓰면 될까요?"

나는 조용히 손가락을 활짝 폈다. 5천만 원, 원래 쓰려고 했던 3천만 원보다 훨씬 웃도는 가격이었지만 의뢰인은 웃으며 그러자는 뜻을 보냈다. 그런데 바로 그때, 또 다른 생각이 들었다.

'역 앞에 있는 땅이라면 얼마나 갈까? 인구 5만 정도의 지역에서 역 앞의 땅은 평당 1천만 원은 갈 것이다. 그런데 나는 고작 평당 13만 원 쓰고 1등을 기대하고 있나?'

아무리 생각해도 이건 아니다 싶었다. 이대로 가면 떨어질 것이다. 어쩐지 지는 게임이란 생각이 강하게 들었다. 그럼에도 일단 입찰표를 쓰기 시작했다. 주소, 이름, 사건번호, 보증금을 쓰고 입찰 금액 칸만 남았다. 쓸까 말까 주저하다가 펜을 내려놓으며 의뢰인에게 다시 물었다.

"선생님, 투자금이 얼마나 있습니까?"
"6천만 원요. 그게 총 재산입니다. 더 써야 할 것 같으세요?"
"네. 워낙 좋은 물건이라서요. 조금 더 쓰시죠. 6,230만 원 정도로 가시죠."

의뢰인이 가지고 있다는 6천만 원 이외의 돈은 내가 부담하리란 마음도 먹었다. 그렇게 금액을 쓰고 나니 마음이 한결 편안해졌다.

긴장의 시간이 흐르고 경매 집행관이 마이크를 들었다. 드디어 1등 발표가 시작되었다. 입찰자는 총 14명이었다. 눈을 감고 소리에 집중하고 있는데, 잠시 뒤 의뢰인의 이름이 첫 번째로 호명되었다. 우리 둘이 손을 맞잡으며 기쁨을 나누는데, 바로 옆에 있던 사람 한 분이 풀썩 주저앉았다. 경매 집행관에게 가서 자신이 1등이 아니라며 따져 묻기도 했다.

그분은 2등이었다. 우리와 불과 40만 원 차이였다. 그분이 쓴 입찰금은 6,190만 원이었다. 40만 원 차이로 이렇게 희비가 갈리다니 얼떨떨했다. 서둘러 경매장을 빠져나오는데, 우리가 낙찰받은 걸 어떻게 알았는지 별의별 사람들이 축하도 해주지만 대출받으라고 얼마나 따라붙는지 모른다. 1등이 누리는 특권이란 생각으로 걷고 있는데, 2등 낙찰받은 분이 다가왔다.

"하나만 물을게요. 왜 그렇게 많이 썼어요?"

항의인지 꾸지람인지 모를 질문을 하다가, 우리를 한참을 노려보더니 결정적인 확신을 주었다.

"두 분, 거기 역 생기는 거 알았죠?"
"그래요?"
"네, 저희 집안사람 중에 철도청 관계자가 있어요. 이 개발 건에 대해 이야기했더니 역도 생기고 교통도 편리해진다고 하더 군요."

짤막한 이야기 속에서도 억울함이 느껴질 정도였다. 그러나 이것이 경매의 세계다. 한 달쯤 뒤에 기사가 났다. 파주 금촌에 금릉역 개통 확정이란 기사였다. 우리 땅 100미터 앞이었다. 예상대로 보상가가 치솟았다. 그에 따라 토지 가격도 오르는 법, 그로 인해 기차역 주변의 토지들은 덩달아 가격 상승이었다.

결국 6천만 원을 투자한 3년 뒤 수십억 원을 보상받았다. 양도세를 빼고서라도 대박인 케이스였다. 어쨌든 이 건은 역이 생길 것을 상상했더라도 확신을 갖지 못한 보통 사람들 덕분에 흥분 잘하는 내가 승리했다. 어찌 보면 너무 뻔한 결과를 다른 이들이 의심했다고 볼 수도 있다. 사람이 많으면 당연히 역은 생긴다. 이 간단한 섭리를 의심하면 좋은 기회도 놓치고 만다. 그러나 나는 남들이 염두조차 두지 않은 못생기고 하자 있는 사과를 먹기 좋은 사과로 여기는 꿈을 꾸고 상상하고 예측하여 진짜 맛있는 사과로 만들었다.

결국 경매는 사람과 함께 살아가는 투자다

제자의 이야기다. 유난히 경매에 관심을 갖고 적극적으로 공부했던 제자였다. 처음엔 강사와 학생으로 만나다 보니 나는 정보와 지식을 가르치고 그는 배우는 입장이라 인간적인 교류는 어려웠다. 그래서 그 제자가 어떠한 인성을 가지고 있는지 어떤 인격의 소유자인지 잘 알지는 못했다.

그런데 어느 날 경매에 도전해보고 싶다며 조언을 구했다. 이미 몇 차례 경험을 해봤는데도 일을 진행할 때마다 선생님의 조언을 구하는 모습이 고맙기도 하고 흐뭇하기도 했다. 몇 건 진행하면서 수익도 꽤 얻었단다.

그가 도전하려고 하는 경매는 다세대주택이었다. 인구가 밀집되어 있는 지역이고 교통도 괜찮아 보였으며 가격도 좋았는데, 임차인 현황을 보니 썩 명쾌하지 않았다. 서류상 복잡한 것은 그렇다 쳐도 다세대주택인 만큼 세 들어 사는 임차인의 현황을 한 번쯤 알아봤어야 하는데, 사실 그게 쉽지 않은 일이다. 꼬치꼬치 캐물을 수도 없고 무작정 방문하는 일이란 더 어렵기 때문이다.

솔직한 내 심정을 이야기하며 조금 더 생각해보는 것이 좋겠다는 조언을 했으나 제자는 생각 끝에 다세대주택을 낙찰받았다. 그런데 불안한 예감은 틀리지 않았는지, 낙찰을 받고 소유주가 되어 임차인들을 인도하는 과정에서 문제가 생겼다. 대부분 소액임차인이라 소액을 변제받고 인도가 되었는데, 지하 마지막 방에 세 들어 사는 분이 딱한 사정이었던 것이다. 혼자 사는 노인인데다 고령이었다. 우선변제 받을 금액도 없이 나가야 할 상황이었던 것이다. 제자가 미처 고려하지 못한 세입자였다. 법적으로 하면 그 세입자는 100% 나가야 하는 상황이었다.

그때 제자는 의외의 결단을 내렸다. 혼자 사는 세입자 어르신의 방을 그대로 두고 월세도 안 받기로 했다. 인도명령 같은 법적인 기준을 들이밀지도 않았고 그저 사시는 날까지 사시라고 배려해드렸다. 결국 그 어르신은 그 집에서 얼마간 더 사셨고 그 집에서 돌아가셨다.

이 이야기를 들으면서 그 제자의 인간적인 면에 감동을 받았던 기억이 난다. 요즘 들리는 소식으로는 할머니가 돌아가신 후 인연이 되어 요양 사업을 한다고 한다. 엄청 큰 건물을 짓고 좋은 사업을 한다고 하니 참 고마운 일이다. 돈보다 사람이 우선이라는 그의 말은 지금도 가슴을 뜨겁게 만든다. 맞는 말이다. 언제나 돈보다 사람이 앞서야 한다. 선한 끝은 있어도 악한 끝은 없다지 않는가. 과연 우주의 섭리와도 맞는 말이다.

인도와 명도 사이에서

경매를 하다 보면 세입자와의 관계를 정리하는 과정에서 어려움이 분명히 있다. 앞서 밝혔듯 처음으로 경매라는 것에 도전했을 때 낙찰받은 빌라 임대인 때문에 나도 무척 마음고생을 했었다. 나의 입장에서는 빨리 세입자를 내보내고 다른 세입자로 수입을 마련해야 하는데, 권리를 잃은 쪽에서 배 째라 식으로 버티고 있으니 안타까울 노릇이었다.

경매 낙찰자가 되어 낙찰받은 부동산을 방문하면 별의별 일이 다 있다. 일이 잘 되어 1순위에 배당되어 배당금을 받는 임차인은 당연히 친절하다. 자신이 손해 볼 것이 거의 없기 때문이다. 그런데 배당 순위에서 밀리거나 배당받지 못한 채 집을 비워야 하는 사람들은 새로운 소유주가 반가울 리 없다. 자기 집을 방문하면서도 문을 열어주지 않아 돌아 나오는 경우도 있고, 온갖 나쁜 소리 들어가며 집 안을 돌아볼 수도 있다.

설상가상으로 어떤 사람은 나쁜 마음을 먹고 집을 훼손하기도 한다. 불 지르겠다고 위협하는 사람도 있다. 어쩌겠는가. 잘 달래고 합의해야 한다. 법적인 권리 이행은 가장 나중 문제일 뿐, 사람과의 관계를 좋게 회복하고 해결하는 것이 먼저여야 한다.

나 역시 그동안 숱한 임차인들과 만나 부딪히기도 하고 좋은 관계로 마무리 짓기도 했다. 당연한 결론이지만, 명도까지 가지 않고 인도로 진행할 때 시간적, 물질적, 심리적 이익이다. 나의 경우 부동산 관련 일을 먼저 시작한 덕분에 임차인들이 가장 힘들어하고 필요로 하는 부분에 대해 실질적인 조언을 해 줄 수 있었다.

예를 들어 내가 낙찰받은 빌라가 있다고 하자. 임차인은 집이 경매로 넘어갔단 말에 무척 불안해하고 있다. 알아보니 세입자는 우선변제권으로 배당을 받을 수 있다. 낙찰이 결정된 뒤 세입자와 만났다. 당연히 표정 안 좋다. 하지만 상관없다. 세입자는 자신이 어떤 상황인지 잘 모른다. 어디서 들은 것은 있어서 무조건 버티려고 하는데, 그때 나는 그들이 받을 배당이 얼마나 되는지 어떤 권리가 있는지 알려준다. 얼마라도 보상을 받을 수 있을 때 내가 할 수 있는 역할이 더 커진다.

"어차피 다른 집을 구해야 하잖아요. 배당받을 수 있는 액수가 3천만 원 정도 될 것 같아요. 그 정도 보증금으로 지금 계시는 곳 정도의 집을 얻으려면 지역을 조금 바꾸시는 방법도 생각하시면 좋을 것 같습니다. 같은 역세권이라도 조금 더 북쪽으로 가면 집값이 괜찮거든요."

그들이 가장 필요로 하는 부분이 무엇인지를 알고 함께 고민해주는 것이다. 물론 얼마라도 배당을 받을 수 있는 경우는 나도 마음이 편하지만 그렇지 못한 경우도 있다. 그럴 땐 나도 마음이 좋지 않다. 그렇다고 함께 손 놓고 있을 수 없으니 대출이나 이사 비용을 더 넉넉히 보상해드리는 등의 마음을 전하는 것이다.

단, 세입자에 대해 조사하는 과정에서 인도해야 할 세입자가 몸이 불편하다거나 혼자 사시는 어르신이라거나 사회적 도움이 절실히 필요한 경우는 아예 시작하지 않는다. 서로에게 못할 일이기 때문이다.

어쨌든 이렇게 인도와 명령 사이에서 낙찰자가 해야 할 일은 진심으로 그들의 마음을 이해하고 돕는 마음을 갖는 것이다. 그렇게 사람을 얻어가야 한다. 사람을 얻는 것은 덕을 받는 것이다.

제
4
장

[실전, 경매의 세계로]

잃지 않는 투자자는 관점을 바꿔 새로운 본질을 꿰뚫는다

가장 중요한 경매의 매력은
경매인 스스로가 가치를 정할 수 있다는 것이다.
누구도 거들떠보지 않는 땅이지만 가능성을 값으로 매겨 가치를 높일 수도 있다.
그러기 위해 예측이 중요하지만 그 예측하는 일 역시
여러 변수를 고려하고 생각하는 과정이기에 가치 있는 일이다.
이런 이유로 경매의 매력은 새롭게 창조된다.

부동산 경매 투자는
부동산 투자와 다르다

^
^ ^
^ ^
^

경매의 정의부터 제대로 알고 가자. 일반적 의미에서 경매는 다수의 매수자들 간 경쟁을 통해 상품을 매각하는 절차다. 조금 더 자세히 살펴보자면, 어떤 이유에서든지 채무자가 채무를 해결하지 못했을 때 소유의 재산을 매각하여 그 대금으로 채권자의 채권을 충당시키는 것을 목적으로 하는 절차를 말한다. 적지 않은 돈이 채권 채무로 얽혀 있기에 서로 웃음을 지으며 경매를 진행하긴 어렵다. 그러니 웃지는 않더라도 윈윈할 수 있는 방법을 강구할 수밖에 없다.

경매의 대상이 되는 것으로는 재산이 될 만한 것은 모두 해당된다. 흔히 부동산이 규모가 크기 때문에 담보로 잡히는 경우가 많지만 그 외의 것들도 있을 수 있다. 다음은 경매의 대상이 되는 것들을 정리한 표다.

경매의 대상이 되는 목적물 구분

구분	설명
토지의 정착물	토지에 정착된 공작물 중 담장이나 구거 등 독립된 부동산으로 취급할 수 없는 것과 미등기 수목은 토지와 일체로 되어 하나의 부동산으로 취급, 독립적인 경매 대상 신청 거부 입목에 관한 법률 규정에 따라 소유권보존등기된 입목은 독립된 부동산으로 취급 가능
건물	건물은 토지의 정착물에 불과하나 거래 관행상이나 부동산등기법상 토지와는 별개의 독립한 부동산으로 취급하여 경매 대상이 됨. 여기서 건물이라 함은 토지에 정착하는 공작물 중 지붕, 기둥, 벽이 있고 이에 부수되는 시설을 의미
공장재단 광업재단	광업재단은 토지와 공장물, 지상권 기타 토지사용권, 임대인 동의의 임차권, 기계·기구 등
광업권 어업권	광업권과 어업권은 법률상 부동산으로 경매 대상이 됨
선박·자동차 중기·항공기	등기할 수 있는 선박, 자동차와 등록된 중기, 항공기는 강제집행 대상이 됨
지상권	지상권은 토지의 사용. 수익을 목적으로 하는 권리이므로 경매 대상 확률이 높음

경매의 구분

경매는 크게 두 가지로 나뉜다. 강제경매와 임의경매다. 말 그대로 강제경매는 부동산에 대한 금전 집행의 방법으로, 채권자의 신청으로 사법상 청구권을 강제적으로 실현하는 절차를 강제경매라 한다. 임의경매란 담보물권의 실행을 위한 것으로, 아래와 같은 차이를 살펴볼 수 있다.

강제경매와 임의경매의 차이점

구분	강제경매	임의경매
채무명의(집행권원)의 여부	필요	필요
경매 절차의 정지 사유	강제집행의 취소, 정지 등을 명한 재판 정본을 제출	담보권의 부존재를 증명하는 서류
공신적 효과와 유무	유	무
실체상 흠이 경매 절차에 미치는 영향	청구이의의 소로만 구성	이의 신청, 즉시 항고 가능
송달 방법의 특례	도달주의	도달주의 원칙, 예외적 발송주의

경매만의 특징

경매는 권리분석, 즉 물건에 대한 가치를 얼마만큼 파악하느냐에 따라 일반 매물보다 싸게 살 수 있다는 데에 가장 큰 메리트가 있다. 그 점이 혜택이 될 수도 있고 함정이 될 수도 있다. 경매에는 각종 권리가 맞물려 있는 경우가 많기 때문에 짧은 기간에 권리분석을 해야 한다. 특히 이를 통해 혹시라도 떠안아야 할 함정이 있을 때 변제해주어야 할 것이 얼마나 있는지, 변제권을 깰 수 있거나 변제권을 인수하더라도 보상을 최소화하는 방법을 구해야 한다. 다시 말해 경매의 특징은 개별성이다. 각각의 물건들이 개별적으로 지닌 가치가 다르기에 권리분석이 최우선시된다.

경매의 또 다른 특징은 시기성을 갖는다는 것이다. 짧은 기간 안에 경쟁자들이 몰리고 경매 개시일로부터 실시일까지 보름 남짓 남기에 그 기간 내에 물건을 보고 결정까지 내려야 한다.

경매의 특징은 보편성이다. 누구나 참여할 수 있다. 채무자 한 사람 빼고 참여할 수 있다는 평등이 있다.

경매의 매력

제자들 몇몇이 경매에 참여하겠다길래 함께 진행한 경매 건이 있었다. 다들 능력껏 자금을 투자했고 수익형 부동산 하나를 낙찰받았다. 투자 목적이었기에 단기매매를 시도했는데, 몇몇 매도인이 나타나 매도가를 흥정 중이었다. 성질 급한 한 사람이 찾아와 그 건에 대해 물었고, 진행 상황을 말해주었다. 어느 정도 가격이면 팔 생각이라고 하자 그 친구가 실망스러운 표정을 지었다. 그것밖에 수익이 안 나느냐는 표정이었다. 아무리 경매에 대해 배워도 '경매=고수익'이란 등식을 버리지 못하는가 보다.

경매는 분명히 매력 있는 투자다. 일단 경매는 부동산 투자에 비해 파이가 크다는 조건을 갖추고 있다. 대한민국 땅 전체를 100%라고 할 때 그중 15%는 토지거래허가구역으로 돈이 있어도 살 수 없는 땅이다. 그런데 경매는 그 분야도 도전이 가능하다. 또한 지역적 한계가 없다. 지역민만 거래할 수 있는 부동산의 경우도 경매로는 도전할 수 있다. 이 두 가지 조건만 보더라도 경매가 지닌 매력은 크다.

가장 중요한 경매의 매력은 경매인 스스로가 가치를 정할 수 있다는 것이다. 누구도 거들떠보지 않는 땅이지만 가능성을 값으로 매겨 가치를 높일 수도 있다. 그러기 위해 예측이 중요하지만 그 예측하는 일 역시 여러 변수를 고려하고 생각하는 과정이기에 가치 있는 일이다. 이런 이유로 경매의 매력은 새롭게 창조된다.

부동산 경매 투자의
5단계를 기억하라

^
^
^
^

경매 절차가 복잡하고 어렵다고 생각하는 이들이 의외로 많다. 그런데 본격적으로 경매에 들어갔을 때의 경매 과정은 간단하다. 다음 표는 부동산이 압류된 뒤 어떻게 경매로 진행되는지 절차를 한눈에 보여주는 표다. 경매인은 이미 부동산의 경매 결정이 난 이후에 개입하기에 절차를 5단계로 정리할 수 있겠다.

1단계: 물건 보기

경매인은 어떤 물건이 경매로 나왔는지 정보지를 통해 정보를 수집한다. 정보지는 시중 여러 회사에서 발간하고 있다. 보통 부동산 매각 결

부동산 경매 절차

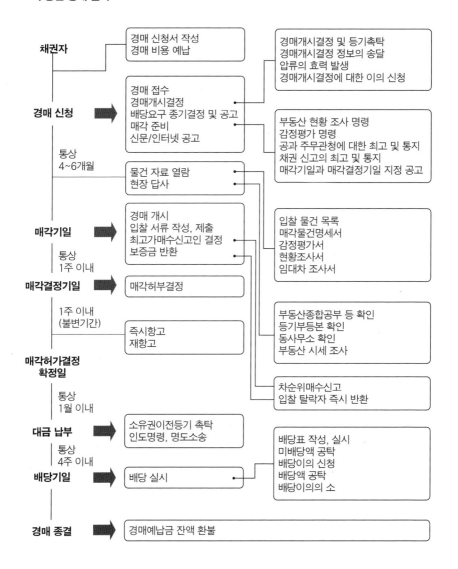

채권자
- 경매 신청서 작성
- 경매 비용 예납

- 경매개시결정 및 등기촉탁
- 경매개시결정 정보의 송달
- 압류의 효력 발생
- 경매개시결정에 대한 이의 신청

경매 신청
- 경매 접수
- 경매개시결정
- 배당요구 종기결정 및 공고
- 매각 준비
- 신문/인터넷 공고

- 부동산 현황 조사 명령
- 감정평가 명령
- 공과 주무관청에 대한 최고 및 통지
- 채권 신고의 최고 및 통지
- 매각기일과 매각결정기일 지정 공고

통상 4~6개월

- 물건 자료 열람
- 현장 답사

매각기일
- 경매 개시
- 입찰 서류 작성, 제출
- 최고가매수신고인 결정
- 보증금 반환

- 입찰 물건 목록
- 매각물건명세서
- 감정평가서
- 현황조사서
- 임대차 조사서

통상 1주 이내

매각결정기일
- 매각허부결정

1주 이내 (불변기간)

- 즉시항고
- 재항고

- 부동산종합공부 등 확인
- 등기부등본 확인
- 동사무소 확인
- 부동산 시세 조사

매각허가결정 확정일

- 차순위매수신고
- 입찰 탈락자 즉시 반환

통상 1월 이내

대금 납부
- 소유권이전등기 촉탁
- 인도명령, 명도소송

- 배당표 작성, 실시
- 미배당액 공탁
- 배당이의 신청
- 배당액 공탁
- 배당이의의 소

통상 4주 이내

배당기일
- 배당 실시

경매 종결
- 경매예납금 잔액 환불

정이 나면 매각기일 일주일 전부터 입찰기일까지 물건 명세서의 사본을 비치하여 누구나 열람할 수 있게 한다. 집행 법원에서 감정인에게 경매 부동산을 평가하게 한 뒤 최저 매각 가격이 정해지기에 경매에 참여하는 이들은 그 정보를 보고 판단하면 된다.

정보지를 통해 열람할 수 있는 경매 물건은 다양하다. 여러 조건과 정보를 취합하여 자신의 재정적 상황을 고려해 물건을 취합한 뒤엔 현장을 답사해야 한다. 앞서 말했듯이 경매는 특히 발품을 팔아야 한다. 경매 정보 자료가 법원 자료와 다를 수 있고 현장의 상황과도 다를 수 있다. 반드시 직접 조사해본 뒤 결정해야 한다.

물건을 볼 때 주거용 부동산인지 상가용 부동산인지 하는 기본적인 것부터 서류상에 표시되지 않은 것이 있는지 살펴보아야 한다. 등기부에 공시되지 않은 부속시설이 있는지, 미등기 건물은 아닌지, 각종 지상권 유치권 등에 얽혀 있는지 여부를 확인한다. 미래의 가치를 판단하는 기준으로 그 지역의 개발 정보와 주변시세 확인은 필수다.

2단계: 입찰

경매에 참여하려는 결정이 내려지면 입찰에 들어간다. 입찰 날짜가 되면 당일 법정 게시판의 공고를 통해 경매 사건을 최종 확인한다. 취하 변경 연기가 되는 경우도 있기 때문이다.

(앞면)

기 일 입 찰 표

지방법원 집행관 귀하　　　　　　　　입찰기일 : 　년　　월　　일

사 건 번 호		타 경　　　　　　호		물 건 번 호	※물건번호가 여러개 있는 경우에는 꼭 기재	
입 찰 자	본인	성　　명		㊞	전화 번호	
		주민(사업자) 등록번호		법인등록 번　호		
		주　　소				
	대리인	성　　명		㊞	본인과의 관　계	
		주민등록 번　　호			전화번호	－
		주　　소				

입찰 가격	천 억	백 억	십 억	억	천 만	백 만	십 만	만	천	백	십	일	원	보증 금액	백 억	십 억	억	천 만	백 만	십 만	만	천	백	십	일	원

보증의 제공방법	□ 현금·자기앞수표 □ 보증서	보증을 반환 받았습니다. 　　　　　　　　　입찰자　　　　　㊞

주의사항.

1. 입찰표는 물건마다 별도의 용지를 사용하십시오, 다만, 일괄입찰시에는 1매의 용지를 사용하십시오.
2. 한 사건에서 입찰물건이 여러개 있고 그 물건들이 개별적으로 입찰에 부쳐진 경우에는 사건번호외에 물건번호를 기재하십시오.
3. 입찰자가 법인인 경우에는 본인의 성명란에 법인의 명칭과 대표자의 지위 및 성명을, 주민등록란에는 입찰자가 개인인 경우에는 주민등록번호를, 법인인 경우에는 사업자등록번호를 기재하고, 대표자의 자격을 증명하는 서면(법인의 등기사항증명서)을 제출하여야 합니다.
4. 주소는 주민등록상의 주소를, 법인은 등기부상의 본점소재지를 기재하시고, 신분확인상 필요하오니 주민등록증을 꼭 지참하십시오.
5. **입찰가격은 수정할 수 없으므로, 수정을 요하는 때에는 새 용지를 사용하십시오.**
6. 대리인이 입찰하는 때에는 입찰자란에 본인과 대리인의 인적사항 및 본인과의 관계 등을 모두 기재하는 외에 본인의 위임장(입찰표 뒷면을 사용)과 인감증명을 제출하십시오.
7. 위임장, 인감증명 및 자격증명서는 이 입찰표에 첨부하십시오.
8. 일단 제출된 입찰표는 취소, 변경이나 교환이 불가능합니다.
9. 공동으로 입찰하는 경우에는 공동입찰신고서를 입찰표와 함께 제출하되, 입찰표의 본인란에는"별첨 공동입찰자목록 기재와 같음"이라고 기재한 다음, 입찰표와 공동입찰신고서 사이에는 공동입찰자 전원이 간인 하십시오.
10. 입찰자 본인 또는 대리인 누구나 보증을 반환 받을 수 있습니다.
11. 보증의 제공방법(현금·자기앞수표 또는 보증서)중 하나를 선택하여 ☑표를 기재하십시오.

자료: 대한민국 법원 법원경매정보

입찰에 참가할 때 준비물은 신분증(주민등록증, 면허증, 여권 중 하나), 도장, 매각보증금(최저 가격의 10%)이다. 본인이 아닌 대리인이 입찰에 참여할 때는 위임장이 있어야 한다. 입찰이 진행되면 입찰표를 작성하여 제출하면 되는데 사건번호, 물건번호, 인적사항, 매수신고 가격 및 보증금을 기재한다.

입찰표를 작성할 때 주의할 점 몇 가지가 있다. 물건마다 별도의 용지를 사용하고, 금액을 기재하고 나서는 수정할 수 없다. 수정이 필요할 땐 새 용지에 다시 작성한다. 일단 제출한 입찰표는 취소 변경 교환이 불가하다. 입찰보증금은 최저 매각가격의 10%에 해당하는 금액으로, 금융기관 발행의 자기앞수표 또는 현금으로 준비해야 한다.

물론 낙찰되지 않을 땐 보증금을 돌려받지만 물건번호를 잘못 쓴 경우 돌려받지 못할 수 있으니 유의해야 한다.

입찰이 아예 무효가 되는 경우도 있다. 입찰보증금이 부족한 경우, 입찰표에 금액을 고친 경우, 그 물건에 대한 채무자가 응찰하거나 재입찰 시에 전 낙찰자가 응할 경우, 입찰 가격이 최저입찰가격 미만인 경우 등이다.

3단계: 낙찰(매각허부선고)

최고가매수신고인으로 자신의 번호가 불리면 낙찰이 된 것이다. 최고

가매수신고인은 사건번호별로 작성하는 입찰 조사와 법원 보관금 납부 명령서에 기명날인하고, 입찰보증금의 영수증을 받는다. 낙찰이 결정된 뒤 법원에서 최종적으로 매각허부선고가 나야 한다. 매각기일의 종료 후 미리 지정된 기일에 매각결정기일을 정해 그 기일에 낙찰허가에 관한 결정을 내린다.

법원은 민사집행법에 규정한 불허가 사유가 있는지 조사한 후 낙찰허가 또는 불허가 결정을 선고한다.

낙찰불허가 결정이 나게 되는 경우는 이해관계인의 이의가 제기되거나 다른 사유 때문이다. 이해관계인이 제시한 이의가 정당할 경우, 과잉매각 무잉여 입찰, 경매 절차 취소 사유가 있는 경우 등 매각 불허가 사유가 있을 때 불허가가 내려진다. 이때 이 결정에 대해 부당하다고 생각될 때 즉시 항고를 할 수 있으며 그와 관련된 절차에 따라 진행할 수 있다.

4단계: 대금 납부

매각허부선고가 나게 되면 입찰 시 걸었던 보증금을 제외한 나머지 대금을 납부해야 소유권이 이전된다. 대금 납부 기간은 낙찰허가결정이 확정된 날로부터 1개월 이내로 지정된다. 공동으로 입찰했을 경우, 공동입찰자 전원이 연대하여 대금 지급 의무를 부담하기에 모두에게 대금지급 기일의 소환장을 보내야 한다.

　낙찰 대금을 납부하는 동시에 등기부상의 소유권이전 없이 입찰 대상 부동산의 소유권이 인정된다. 이때 낙찰자가 부담하지 않는 부동산상의 권리들은 말소되어 소멸된다. 낙찰 대금을 납부했는데도 이전 소유자가 부동산을 인도하지 않을 때 법원에 인도명령을 신청하면 된다.

5단계: 소유권이전

낙찰 대금을 완납하면 법원은 최고가매수신고인에 대해 소유권이전등기, 경매신청기입등기의 말소를 촉탁해준다. 그와 함께 매각 대금을 채권자들에게 변제하는 배당의 절차가 이루어진다. 변제받을 채권자가 경합이 되어 있거나 채권자들의 채권을 변제하기에 충분하지 않을 때는 법적 규정에 의해 우선순위에 따라 배당이 이루어진다. 이러한 과정이 이루어진 뒤 부동산은 완전한 자기 소유가 된다. 등기이전까지 되면 온전한 자신의 소유가 되기에 그때부터는 소유권자로서 권리를 행사할 수 있다.

4가지 기초로 시작하는
부동산 경매 공부

^
^ ^
^ ^
^

경매를 배우고자 찾아오는 이들에게 가장 많이 하는 말은 자꾸만 복잡하게 뭔가 공부하려고 하지 말라는 말이다. 알아야 할 것이 많을수록 그 분야에 대해 깊이 알게 되지만 처음부터 배워야 할 양이 많으면 지레 포기하기 쉽다. 접근하기 어렵다고 생각하는 경매 역시 마찬가지다. 일단 용어에서 다가오는 생경함을 이겨내야 한다. 그리고 가장 간단한 것부터, 가장 기초적인 용어나 권리부터 공부하기를 권한다. 처음은 그렇게 기본적인 것부터 시작하자.

여기서 소개할 것은 경매를 시작할 때 알아야 할 것들이다. 우선 정보지를 통해 경매에 관한 정보를 얻고, 합당한 물건에 대한 경매를 준비하고, 경매에 참여하고, 경매를 마무리할 때 알아야 할 기본적인 것이다.

용어 알기

용어에 익숙해져야 한다. 예를 들어 보통 사람들이 부동산을 산다고 하지만 이쪽에서는 매수한다고 하고, 팔 때는 매도했다고 한다. 값을 받고 다른 사람에게 넘길 때는 매각한다고 한다. 경매 용어도 익숙해져야 한다. 게다가 경매의 용어는 입찰할 때 사용하는 용어와 민사집행상 용어로 사용하는 측에 따라 달라지기에 한눈에 보기에 표시를 해보았다.

부동산 경매 과정에서 자주 사용하는 용어

경매 용어	입찰 용어	민사집행상 용어
경매기일	입찰기일	매각기일
경락기일	낙찰기일	매각결정기일
최고가매수신고인	최고가입찰인	최고가매수신고인
차순위매수신고인	차순위입찰인	차순위매수신고인
경락허부결정	낙찰허부결정	매각허부결정
경락자	낙찰자	매수인
경매 명령	입찰 명령	매각명령

여기서 중요한 것은 경매에 참여하는 입장에서는 경매 명령에 따라 경매를 실시하는 날(경매기일)에 낙찰이 되어(최고가매수신고인이 되어) 낙찰자가 되는(경락자) 것이 목적이다. 이때 낙찰이 되었다고 안심해선 안

된다. 일주일 뒤 완전히 법원의 명령이(경락허부결정)이 떨어져야 안심할 수 있다.

그렇다면 두 번째로 높은 금액을 쓴 두 번째 낙찰자는(차순위매수신고인) 왜 필요할까? 차순위매수신고인은 낙찰자가 잔금을 치르지 않았을 경우 그 지위를 물려받겠다고 신고한 사람이다. 그런데 차순위매수신고인이 될 조건이 있다. 1등과 2등의 가격 차이가 보증금(최저매각대감의 10%)보다 적을 경우 차순위를 받아준다.

예를 들어 어떤 물건에 대해 1등이 8천만 원을 쓰고 2등이 7,600만 원을 썼다고 하자. 이 물건의 보증금은 정보지에 표시된 최저매각대금(7,500만 원)의 10%인 750만 원이다. 1등과 2등의 가격 차이가 400만 원, 이 가격은 보증금보다 적은 금액이므로 차순위매수신고인으로 신고를 받아주어, 1등이 잔금을 치르지 않을 경우 2등으로 낙찰자가 될 수 있다. 물론, 1등이 잔금을 치르지 않길 두 손 모아 기도를 드려야 하지만 말이다.

경매 용어 중 또 하나 익숙해져야 할 것이 '유찰'이다. 유찰은 입찰에서 낙찰이 결정되지 않고 무효로 돌아가는 것을 말한다. 보통 유찰이 될 경우, 다음 경매 때는 20~30% 가격이 저감된다. 1천만 원짜리 부동산이 한 번 유찰되면 800만 원선으로, 그것이 또다시 유찰되면 640만 원으로 저감된다. 숫자상으로만 보면 유찰이 많이 된 것이 유리하다 싶지만, 유찰은 곧 하자가 있음을 의미하는 것이므로 위험한 성배일 수도 있다. 조심해서 잘 마셔야 한다.

유찰에는 여러 이유가 있다. 경매에는 최저입찰가격이라고 해서 최저 금액을 정해놓았는데 현 시세보다 높게 책정되어 낙찰에 참여하는 사람들이 없거나, 낙찰자의 낙찰이 불허되었거나 잔금을 치르지 못해서 무효가 된 경우 등이 있다.

문서 알기

정보지를 통해 물건을 선별할 때 서류상의 검토는 필수다. 그런데 서류 하면 또 복잡해진다. 토지를 볼 땐 어떤 서류가 필요한지, 건물을 검증하려면 어떤 서류를 봐야 하는지 헷갈리기 시작한다. 물론 서류를 속속들이 다 알 수도 없고 모두 알 필요도 없지만 기본적으로 검토해야 하는 서류들이 있다. 그렇다고 서류에만 파묻혀선 안 된다. 직접 가봐야한다. 서류와 현장 활동이 겸비될 때 물건을 제대로 살펴볼 수 있다.

다음은 토지나 건물에 대해 알 수 있는 주요 서류들이다. 땅을 경매로 구입하고 싶을 때 가장 기본이 지적도나 토지대장 등을 통해 땅의 지목, 모양, 면적 등을 살펴보는 것이다. 이때 토지 등기부등본과 비교해보는 절차가 필요하다. 간혹 다르게 표기될 경우 토지대장을 기준으로 하기 때문에 꼼꼼히 살펴보고 비교해보아야 한다.

토지경매의 경우 개발계획에 대한 기대가 있기에 그에 대한 계획을 알아봐야 하는데 이때 가장 유용한 것이 시·군·구청에서 발급되는 토지이용계획확인서를 살펴보는 것이다. 대부분 중·장기 계획이 잡혀 있기에 도시계획 입안 사항이나 토지 거래 규제 사항 등을 살펴보아 낭패 보는 일을 방비해야 한다.

부동산 경매 과정에서 자주 사용하는 문서

구분	주요 내용	발급기관
토지이용계획확인서	그 땅이 속한 용도지역(지구), 도시계획 입안 사항, 도시계획시설 저촉 여부, 토지 거래 규제 사항 등	시·군·구청
지적도, 임야도	땅의 지목, 모양, 면적, 경계 등	
토지대장, 임야대장	토지(임야)의 지번, 면적, 지목, 소유자, 취득일, 공시지가 등	
건축물대장	건물의 규모(면적, 층수) 구조, 용도, 소유주, 준공일 등	
토지 및 건물 등기부등본	부동산의 표시(지목. 내용) 소유권 및 기타 권리 사항	등기소
공시지가 확인서	매년 정부에서 발표하는 각 땅의 공시지가	동사무소

건물의 경우도 마찬가지다. 가장 중요한 것이 건물의 등기부등본이다. 등기소에서 뗄 수 있는 등기부등본과 시·군·구청에서 뗄 수 있는 건축물 관리 대장 등을 살펴보며 부동산의 소유권과 권리 사항을 확인하고, 건물의 구조와 용도 소유주 토지이용계획확인서 등을 파악하여 착오가 생기지 않도록 유의해야 한다.

공법 알기

경매에 참여할 때 기본적인 부동산공법은 절대적으로 알아야 할 요건이다. 공법은 공공복리를 위해 개인의 부동산에 대한 재산권을 국가에서 제한하는 법이라고 생각하면 된다. 갑자기 법에 대한 이야기를 한다고 해서 당황하지 마시라. 복잡한 법 이야기 하지 말자고 해놓고 법 이야기를 하려는 것이 아니다. 경매를 하게 되면 자신이 매입한 땅에 건물을 지을 수 있는지, 매입한 건물을 어떤 용도로 사용할 수 있는지 알아야 한다. 그 기본적인 공법을 알 때 성공한 경매가 될 수 있다.

먼저 땅에 대한 기본이다. 가끔 제자들이 와서 묻는다.

> "원장님, 저희 시골집 뒷동네에 야산이 하나 있거든요. 그 산을 받았는데 집 하나 지으려고요. 지을 수 있죠?"

땅에 대해 하나도 모르는 질문이다. 그래서 이런 질문을 하는 이들에겐 토지이용계획확인서를 떼어본 뒤 물어보라고 한다. 그럼 얼마 뒤 시무룩한 표정으로 와서는 말한다. 알고 보니 그곳엔 건물을 지을 수 없게 되어 있단다. 자고로 그래서 땅을 알아야 한다.

땅은 두 가지로 나뉜다. 건축을 할 수 있는 땅과 건축할 수 없는 땅 두 가지다. 또한 땅은 다음과 같은 용도에 따라 구분되는데, 용도에 따라 건축의 여부가 결정된다.

국토계획에 따른 땅의 구분

구분		세분(시행령)	지정목적
도시 지역	주거 지역	제1종전용주거	단독주택 중심의 양호한 주거환경 보호
		제2종전용주거	공동주택 중심의 양호한 주거환경 보호
		제1종일반주거	저층주택 중심의 주거환경 조성
		제2종일반주거	중층주택 중심의 주거환경 조성
		제3종일반주거	중·고층 중심의 주거환경 조성
		준주거	주거기능에 상업 및 업무기능 보완
	상업 지역	중심상업	도심, 부도심의 상업·업무기능 확충
		일반상업	일반적인 상업 및 업무기능 담당
		근린상업	근린지역의 일용품 및 서비스 공급
		유통상업	도시 내 및 지역 간 유통기능의 증진
	공업 지역	전용공업	중화학공업, 공해성공업을 수용
		일반공업	환경을 저해하지 아니하는 공업의 배치
		준공업	경공업 수용 및 주·상·업무기능의 보완
	녹지 지역	보전녹지	도시의 자연환경·경관·산림 및 녹지공간 보전
		생산녹지	농업적 생산을 위하여 개발을 유보
		자연녹지	보전 필요 지역, 제한적 개발 허용
관리 지역		보전관리	보전이 필요하나 자연환경보전지역으로 지정이 곤란한 경우
		생산관리	농업·임업·어업 생산 등을 위하여 관리가 필요하나 농림지역으로 지정이 곤란한 경우
		계획관리	도시지역 편입이 예상, 계획·체계적 관리 필요
농림지역		–	농림업 진흥과 산림 보전을 위해 필요
자연환경 보전지역		–	자연환경 등의 보전과 수산자원의 보호·육성

자료: 국토교통부, 국가법령정보센터

이 토지용도지역을 경매인의 눈으로 구분하면 네 가지로 용도별로 구분할 수 있다. 경매로 토지를 매입하는 이유는 토지를 잘 이용하기 위해서다. 그러니 자신이 구입한 땅 위에 뭔가를 할 수 있는지 지을 수 있는지 허용 여부를 아는 것이 중요하다.

경매인의 눈으로 보는 땅의 구분

구분	비율	설명	건물 건축의 허용 여부
도시지역	15%	인구와 산업 밀집이 예상되거나 이미 밀집되어, 해당지역에 대한 체계적 개발과 징비, 관리, 보전이 필요	모두 허용 가능
관리지역	27%	도시지역의 인구와 산업을 수용하기 위한 지역으로 도시지역에 준함	계획관리지역 가능 보전관리지역엔 집만
농림지역	50%	농지법에 의한 농업진흥지역이나 산지관리법에 의한 보전산지 등 도시지역 외 지역	농사짓는 땅
자연환경 보전지역	8%	자연환경과 생태계, 해안, 수자원, 상수원, 문화재의 보전과 수산자원의 보호, 육성을 위한 지역	허용 불가 다수

땅의 용도만 알았다고 되는 것은 아니다. 구입한 토지에 건물을 지을 때도 그에 따른 규제가 있다. 그러니 얼마나 높게 지을 수 있는지 어느 규모까지 지을 수 있는지 살펴보고 그에 따른 계획을 세워야 한다.

현장 알기

경매를 한마디로 표현하면 발품의 드라마다. 아무리 문서를 꼼꼼히 살펴보고 정보를 취합해도 발품 팔아 현장을 보지 않는 한 성공률이 희박하다. 그래서 경매인들 사이에서 하는 말 중에 '시야를 360도로 하라'는 말도 있다. 나의 경우 현장 활동은 3·3·3 법칙을 사용한다. 무조건 현장은 세 번 방문, 세 번 생각, 세 끼를 먹고 돌아오는 것이다.

보통 물건을 보러 나갈 때 첫 번째 방문에서는 개략적인 모습을 보게 되는데 환경이 낯설게 느껴진다. 두 번째 가면 어느 정도 익숙해지고 현지의 분위기를 제대로 느낄 수 있다. 세 번 정도 방문을 하면 현장과 호흡할 수 있는 단계가 되어 사람도 만나고 현지 분위기를 제대로 느낄 수 있다. 현장에서 세 끼를 해결할 정도로 오랜 시간 머물며 하루를 보내면 다양한 사정을 경험할 수 있게 된다. 이 원칙은 지금까지도 웬만하면 지키고 있다.

현장 활동을 하는 이유는 서류와 현장의 온도차를 느낄 수 있다. 서류의 정보를 확인하는 것과 동시에 그 이외의 정보를 얻기 위함이다.

현장 한 번 안 나가고 경매에 성공했다.

이런 말로 유혹하는 전문가라 말하는 이들은 반드시 조심해야 한다. 현장은 서류보다 훨씬 힘이 세다. 일단 한 번이라도 나가봤다면 칭

찬밭을 만 하다. 그런데 현장을 더 잘 알려면 무엇을 봐야 하는지 알고 가는 것이 좋다. 나가서 밥만 먹고 돌아오면 시간 낭비다.

임장 활동의 기본 원칙 몇 가지만 지키면 생각지도 못한 정보를 얻을 수 있다. 돌아보면 나 역시 30년이 넘는 경매 인생 가운데 현장 활동에서 얻은 입소문과 정보로 성공을 이루었다. 그러므로 다음의 기본 원칙을 통해 현장에서 승리자가 되길 바란다.

- 현장 지도를 준비하여 주요 거점(동선) 등을 점검해본다.
- 포털 사이트를 통해 매물 현황을 정리하고 시세 추이를 파악한다.
- 주변에 방문할 만한 부동산을 확인한다.
- 현장 방문 시 서류와 다른 점을 대조한다.
- 가능한 머무는 시간을 낮부터 밤까지 잡고 살펴본다.
- 도로 상황과 건물의 방향, 동선, 주변 환경, 시설의 정도 등을 유심히 살펴본다.
- 현지 주민과의 접촉, 공인중개사와의 대면 등을 시도해본다.
- 임장 후기 기록을 통해 정리한다.

TIP 경매에서 반드시 확인해야 할 도로에 대해 알아봅시다.

경매에 있어 중요 변수는 도로다. 특히 토지경매에서 토지가 도로와 인접해 있는지, 떨어져 있는지, 서류와 현장의 도로 비교 등을 확인한다. 도로는 토지에 지대한 영향을 미치는 요소다. 그래서 도로에 대해 기본적인 지식이 있어야 한다. 다음은 도로에 대한 설명과 표기 방법, 어디서 관리를 하는지 등에 대한 기본 지식이니 익혀두길 권한다.

등급	내용	번호 표기	관리 기관
고속국도	자동차전용의 고속 교통에 이용하는 도로	두 자리 숫자로 표기, 동서 연결 도로는 끝 자리 0, 남북 연결 도로는 끝자리 5 (예: 남해고속도로 10, 서해도로 15)	국토교통부 (도로공사 대행)
일반국도	국가 기간도로망을 이루는 도로	남북 방향의 국도는 홀 수, 동서 방향은 짝 수 한 자리수 또는 두 자리수로 표기	국토교통부 (관내는 시장)
특별시도·광역시도	서울특별시와 광역시 구역의 도로		특별·광역시장
국가지원 지방도	국가와 지방자치단체가 분담하는 도로	지방도로지만 국가에서 건설한 도로국도와 같은 두자리 숫자사용	도지사
지방도	지방의 간선도로망을 이루는 도로	세자리 혹은 네자리 표기	도지사
시도	시 구역 내의 도로		시장
군도	군 구역 내의 도로		군수
구도	구 구역 내의 도로		구청장

부동산 경매의 꽃은
경매 권리분석이다

∧

∧

∧

∧

이 경매가 결과적으로 잘된 것인지 아닌 것인지를 가늠하게 하는 기준이 무엇일까. 그 물건의 가치를 잘 판단하는 것이다. 그것을 경매에서는 권리분석이라 한다. 사실상 경매의 고수와 하수를 나누는 기준이 권리분석력이라 할 정도로 권리분석은 매우 중요하다.

권리를 분석한다는 것은 부동산의 권리에 하자가 있는지 여부를 조사하고 확인하고 분석하는 과정을 말한다. 운 좋게 심플한 부동산을 만나면 권리분석이 어렵지 않지만 경매로 나온 물건은 다들 사정이 있는 것이 대부분이다. 그래서 분석에 예리함이 필요하다.

가끔 권리분석이 어렵다며 안 하면 안 되냐, 대신 해주면 안 되냐, 부탁해 오는 경우가 있다. 둘 다 안 된다. 물론 컨설팅을 통해 참여할 수도 있으나 주체가 되어 권리를 분석하는 자세는 반드시 필요하다. 권리분석은 권리를 잘못 알아서 불이익을 당하거나 사고를 예방하기 위한 것이기 때문에 앞으로 경매를 계속하고자 하면 알아야 한다.

권리분석은 가장 기본적인 개념부터 잡고 들어가면 된다. 해당 물건의 권리가 안전한지 아닌지 살펴보는 것이 기본인데, 경매로 나온 물건의 권리분석은 낙찰 이후 소유권을 안전하게 이전하기 위함이다.

부동산이 지닌 권리

권리분석을 위해서는 부동산이 가지고 있는 권리가 어떤 것들이 있는지 알아야 한다. 보통 권리는 부동산을 사용하기 위한 권리와 담보제공을 위한 권리로 나뉜다.

경매로 나온 물건들을 보면 토지와 그 위에 지어진 건물의 소유주가 다르거나 건물이 지어지는 과정에서 사정이 생겨 마무리되지 못하여 대금 미납이나 채무가 생겨 유치권이 발생되는 경우 등이 있는데 이러한 물건들은 권리를 인수해야 하기에 두 가지 방법을 취할 수 있다. 인수를 할 것인지, 인수하지 않는 방법으로 깰 것인지 선택해야 한다. 대부분 복잡하게 얽혀 있을 경우 피해 가는 안전한 방법도 있겠으나, 경매란 또 그런 권리를 깨는 즐거움이 있다. 고수가 되는 길이기도 하다. 하지만 초보라면 신중할 필요가 있다.

부동산이 가지고 있는 권리

종류		내용
소유권		소유권자는 법률의 범위 내에서 그 소유물을 사용·수익·처분할 권리가 있음
점유권		소유권과 관계없이 물건을 사실상 지배하고 있는 경우의 지배권
용익물권 (사용하기 위한 물권)	전세권	전세금을 지급하고서 타인의 부동산을 그의 용도에 따라 사용·수익하는 용익물권
	지상권	타인의 토지에서 건물, 기타의 공작물이나 수목을 소유하기 위하여 그 토지를 사용할 수 있는 물권
	지역권	설정행위에서 정한 일정한 목적을 위하여 타인의 토지를 자기 토지의 편익에 이용하는 용익물권
담보물권 (담보제공 위한 물권)	저당권	채무자가 채무의 담보로 제공한 부동산을 인도받지 않고서 관념상으로만 지배하고 채무의 변제가 없을 시 그 부동산으로부터 우선 변제를 받는 담보물권
	유치권	타인의 물건을 점유한 자가 그 물건에 관하여 생긴 채무를 변제받을 때까지 유치할 수 있는 권리
	질권	돈을 빌려주면서 물건을 담보로 잡고 갚지 않을 때에는 그 목적물에서 우선 변제받는 권리(예: 전당포에서 반지를 잡히고 돈을 빌리는 경우)

권리분석

다음과 같은 경매 물건이 있다고 하자. 이 물건에 대해 경매에 참여하려고 할 때 먼저 권리분석이 들어가야 한다. 이때 살펴봐야 할 것이 등기부 현황이다. 이때 등기부 현황을 살펴보면 뭔가 복잡하게 권리의 종류가 기재되어 있다. 경매 참여자가 눈여겨볼 것은 진하게 표기된 부분의 '가압류'이다.

등기부 현황 예시

No	접수	권리종류	권리자	채권 금액	비고	소멸여부
1(갑2)	2002.07.09	소유권 이전(상속)	○○○		협의분할에 의한 1/2	
2(갑3)	2008.04.28	○○○ 전부 이전	○○		협의분할에 의한 상속 1/2	
4(갑5)	2011.07.06	○○ 청구권 가등기	○○○		매매예약 2/1	인수
5(갑6)	2011.08.08	○○○ 가압류	서울보증보험(주)	766,286,700원	말소기준등기 2011 카단 54667	소멸
6(갑)	2011.12.1	○○○ 가압류	서울보증보험(주)	200,000,000원	--	소멸
--						
주의사항	매각허가에 의하여 소멸되지 아니하는 것 – 토지 및 건물 각 갑수 순위 5번 소유권 이전청구권 가등기 말소되지 않고 매수인이 인수함					

경매 권리분석에 있어 주요 관건은 낙찰 이후 이전의 권리가 모두 소멸되는지, 일부 인수해야 하는 것이 있는지 살펴보는 일이다. 한마디로 낙찰 이후 배상해주는 일을 최소화하는 것이다. 만약 내가 A 물건에 대해 최고가매수신고인이 되어 낙찰자가 되었다고 하자. 낙찰 대금을 완납하면 사실상 낙찰 부동산의 소유권을 취득하게 되는데 소유권이전등기를 할 때 등기 권리 중 어떤 권리는 소멸되고, 어떤 것은 소멸 대상이 되지 않아 인수해야 한다. 그때 말소와 인수의 기준이 되는 것이 '말소기준권리'다.

말소기준권리

경매에 있어 가장 중요한 용어를 꼽으라면 '말소기준권리'다. 경매로 나온 물건은 등기부등본을 통해 소유권의 권리관계를 살펴보아야 한다. 말소기준권리란 그 부동산에 존재하던 권리가 소멸하는지, 아니면 그대로 남아 낙찰자에게 인수가 되는지 가늠하는 권리를 말한다. 경매로 낙찰받은 입장에서는 권리가 소멸되는(말소되는) 기준 권리에 대해 명확히 알고 있어야 한다. 그래야 어떤 부동산이 경매 처분 되었을 때 부동산에 존재하는 권리들이 낙찰자에게 인수되는지 말소(소멸)되는지 결정하는 기준이 되기 때문이다. 말소되지 않으면 몽땅 낙찰자가 인수해야 한다. 인수한다는 말을 쉽게 표현하면, 낙찰자가 물어줘야 한다는 의미다.

이 말소기준권리는 보통 여섯 가지로 생각할 수 있다. 저당권, 근저당권, 압류, 가압류, 담보가등기, 강제경매개시 결정등기 등이다. 쉽게 말해 등기부 현황을 볼 때 말소기준권리 중 하나가 보이면, 그 권리를 기준으로 하여 아래에 나오는 권리는 낙찰이 되는 순간 사라진다. 의미가 없어지는 것이다. 경매에서는 말소된다고 표현한다.

반면, 말소기준권리보다 앞서는 권리가 있을 때는 낙찰자가 그 권리까지 인수해야 한다. 예를 들어 2018년 3월 13일로 근저당이 잡혀 있지만, 이 날짜 이전인 2018년 2월 13일에 가등기가 있다면 낙찰자가 이 권리까지 인수해야 한다. 이러한 선순위의 종류는 가등기, 가처분, 지상권 등이 있다. 앞서 살펴본 물건의 등기부 현황의 경우 말소기준권리인 '5(갑6) 가압류' 이전에 '청구권 가등기'라는 항목이 있다. 이런 경우는 낙찰자가 그 권리까지 인수해야 한다. 또 하나 인수를 결정짓는 권리가 임차인에 대한 권리다. 세를 들어 있는 임차인이 말소기준권리보다 앞서는 날짜에 전입신고가 되어 있을 때 낙찰자가 임차인에게 보상을 해주어야 한다.

그렇기에 경매에 있어 권리분석에 있어 말소기준권리에 해당되는 것에 대해 확실히 인지하고 있어야 한다. 여기서 중요한 것은 말소기준권리가 일자별로 가장 앞서 있어야 후순위 권리가 전부 말소된다는 것이다. 이 점을 꼭 명심하고 있어야 한다.

말소기준권리와 관계없는 공사대금(유치권), 철거가처분

본격적으로 경매에 뛰어들었던 초보 때 이야기다. 꽤 공부를 한다고 했는데 경매는 케이스마다 달라 긴장을 늦출 수 없었다. 한번은 어떤 토지를 낙찰받았는데 그 위에 지어진 건물은 무슨 문제로 준공이 되지 않은 상태였다. 이 경우 토지 매각만 하면 문제가 해결되었기에 마음 놓고 있었는데 알고 보니 그 건물이 지어지는 과정에서 공사 대금 미납으로 유치권이 걸려 있던 것이다. 유치권이나 법정지상권과 같은 경우, 아무리 말소기준권리 후순위라 해도 낙찰자가 인수해야 하는 예외의 경우였다. 물론 예외의 케이스도 있고 지금은 그런 경우를 해결할 노하우가 있지만 그땐 고스란히 보상을 해준 아픈 경험이 있다.

말소기준권리만 확실히 알고 권리를 분석할 수 있다면 참 좋겠는데 문제는 예외가 있다는 것이다. 시험 문제에서 단골로 등장하는 '예외의 케이스'가 경매에도 존재한다는 사실이다. 이것이 복병이 되어 발목 잡히는 경우 참 많다. 그래서 권리분석을 할 때 그 예외의 경우를 잘 살펴보아야 한다.

이와 같이 말소기준권리 후순위에 있는 권리라도 인수를 해야 하는 경우들이 있다. 유치권 철거를 위한 가처분 등의 권리는 말소기준권리가 설정된 이후에 설정되었다 하더라도 낙찰자가 인수해야 한다.

당연히 말소기준권리보다 먼저 등기된 선순위에 있는 권리들은 인수되므로, 권리분석을 할 때 잘 살펴봐야 한다. 그러므로 물건에 대한 권리들이 언제 등기되어 있는지 살펴보고 그 권리들이 소멸되는지 인수되는지를 살펴본 뒤, 이러한 문제를 해결할 방법을 찾아보고 해결 묘안이 없다면 좀 더 노하우를 쌓은 뒤 도전해보는 것을 권한다.

대항력 확인: 우선변제권

권리분석에 있어서 부동산의 권리를 살펴보는 것과 함께 또 하나 염두에 두어야 하는 것이 '대항력'이다. 대항력은 한마디로 임차인이 주인에 대해 대항할 수 있는 능력이다. 임대차 기간 중 주택 또는 상가 소유권의 변동이 생기더라도 임차인이 새로운 소유자에게 임차권을 주장하는 권리로써 대항력의 대표적인 권리가 우선변제권이다.

대항력을 갖춘 임차인이 되려면 요건이 필요한데, 입찰자의 경우 낙찰받을 부동산에 대해 임차인의 우선변제권을 살펴보아야 한다. 임차인이 대항력을 갖추고 있을 때 보호받을 수 있는 내용이 있으므로 입찰자는 그 점을 알고 있어야 한다. 잘못하면 임차인의 보증금을 인수해야 하기 때문이다.

주택이나 상가의 경우 임대차 보호법 적용이 조금 다르긴 하지만, 임차인에 대해 우선변제권이 해당되는지 살펴보아야 한다. 전입일자, 계약서, 사실상 점유(거주)라는 세 가지를 유의해서 보면 된다.

이 세 가지가 임차인의 자격이자 대항력 유무이다. 앞서 살펴본 것처럼 말소기준권리보다 세 가지 요건이 앞섰다면 (일자별로) 대항력이 존재하여 낙찰자로부터 보증금을 돌려받을 수 있다. 다시 말해 말소기준권리는 압류(가압류) 저당 (근저당) 등이다.

이처럼 대항력은 임차인이 말소기준권리보다 앞선 권리이므로 낙찰자는 보증금을 인수해야 하지만 예외의 경우가 있다. 만약 임차인이 전입과 동시에 확정일자를 받고 배당청구를 했다면 낙찰자가 보증금을 인수하지 않고 법원에서 배당을 받게 된다. 따라서 낙찰자는 보증금의 부담이 없어질 수 있다. 그러니 일자별로 임차인의 상황을 확인해봐야 한다. 상가의 경우도 주택과 동일하다. 상가의 경우 임차인의 전입일자는 사업자등록으로 갈음할 수 있다.

시행착오를 줄이는
경매 필수 지식

^

^ ^

^ ^

^ ^

처음부터 옥석을 가리는 일은 불가능하다. 나 역시 땅 외의 수익형 부동산부터 아파트 빌라와 같은 경매 물건도 함께 하면서 한 건 한 건 할 때마다 새로운 공부의 연속이었다.

이러한 공부의 연속이야말로 경매의 매력이기도 했는데, 건마다 다르게 대처를 해야 했기에 어떤 땐 경험 부족으로 어떤 땐 어이없는 실수를 하며 커리어를 쌓았다. 돌아보면 경매에 입문한 사람들이 간과하기 쉬운, 실수하기 쉬운 시행착오를 저질렀던 것이다. 너무 몸을 사려서 아예 낙찰이 되지 못하거나 낙찰이 됐으나 서류를 제대로 보지 못해 우선변제권으로 돈을 물어줘야 했던 일, 각종 권리에 얽혀 법정 소송으로 번진 일 등이었다.

그래서 초창기 경매인으로 활동할 때 겪은 시행착오 몇 가지를 소개하려고 한다. 실수를 통해 뭔가 배우면 되는 것이기에, 경매에 입문하려는 이들에게 실수하지 말란 말보다 잘 실수하면 된다는 말을 해주고 싶다.

숫자의 늪

경매에 뛰어든 사람들 대부분 '대박'을 꿈꾼다. 나는 경매 제도가 입찰제로 바뀌는 시기에 일을 시작했기에, 소위 가격을 불러가며 경매를 진행하던 호찰제의 끄트머리도 경험했다. 호찰제로 이루어지던 경매는 살벌했다. 돈이 오가는 현장이기에 어떻게든 싸게 낙찰받아 비싸게 팔아보겠다는 사심이 가득했다. 그러다가 입찰제로 바뀌면서 과정이 공평하고 평등해졌다.

그런데 과정이 어떻게 바뀌든 실수는 어디에서나 생겨나기 마련이다. 가장 어이없는 실수는 바로 숫자다. 초등학교 1학년만 돼도 숫자를 잘못 쓸 일이 있을까 싶지만 경매 현장에는 비일비재하다. 앞서 다른 사람이 실수로 숫자를 잘못 쓰는 바람에 5등이었던 내게 낙찰의 기회가 다가온 사례를 말했듯이, 경매 현장에는 어이없고 재밌고 황당한 이야기들이 있다.

나의 경우 낙찰가격을 낮춰 썼기에 사실 떨어져도 그만이었는데, 운 좋게도 내 앞의 낙찰자가 물건번호를 잘못 기입하는 바람에 낮은 가격에 인수할 수 있었지만 그 반대의 케이스도 있다. 어떤 주택 경매일에 생긴 일이다. 한 번 유찰이 된 상태였기에 20% 가격이 다운된 상황에서 다들 눈치 싸움이 한창이었다. 상당히 긴장된 상태로 낙찰가를 적어 내려가는 손길들을 자세히 보면 달달 떨리는 모습도 심심찮게 볼 수 있다.

그날 내가 써낸 가격은 4천만 원 조금 넘는 가격이었다. 잘하면 1등이 될 수도 있었기에 집행관의 호명이 나올 때만을 눈 빠지게 기다리고 있는데 이게 웬일, 엉뚱한 사람의 이름이 불렸다.

"물건번호 ○○번, 최종 낙찰자는 ○○○ 씨입니다. 낙찰가는…… 4억……?"

집행관의 당황스러운 목소리와 함께 법원 내부가 술렁거렸다. 누군가 4억을 써냈다는 사실에 여기저기 피식거리는 웃음이 나왔고 한참 뜸을 들인 뒤에 당사자가 앞으로 나갔다. 참담한 표정을 보니 분명히 0 하나를 더 쓴 것이었다. 집행관 앞으로 나간 그 사람은 잘못 썼네, 그래도 어쩔 수 없네, 실랑이가 생겼지만 그 이후론 어떻게 되었는지 모른다. 아마 보증금으로 건 10%를 포기했을지도 모르겠다. 그게 아까웠더라면 4억으로 그 상가를 인수해야 하는데 과연 그것이 4억의 가치가 있을지는…….

보증금 떼이기, 투자금 묶이기

다행히 나는 보증금 떼인 적은 없다. 그렇지만 주변에서 보증금을 날렸다는 이야기는 심심찮게 보인다. 경매보증금은 경매 개시일에 제시된 매각 대금의 10%의 예치금이다. 한 차례 유찰되어 경매가의 20~30%가 내려가면 그 매각 대금의 보증금 10%가 다음 경매일에 예치되어야 한다. 경매 입찰에 참여하는 사람은 누구나 보증금을 걸어야 한다. 과정은 간단하다. 10% 보증금을 걸고 입찰에 참여한다. 1등이 되어 낙찰자가 되면 나머지 90%의 잔금을 한 달 이내 치르면 그 부동산의 소유권이 넘어온다. 1등에서 떨어질 경우는 당연히 보증금은 돌려받는다.

그런데 어디든 예외가 있다. 보증금을 걸어놓고 환급받지 못하는 경우다. 사실 이것만큼 억울한 일도 없는데, 보증금 환급을 못 받는 이유는 자의로 인한 것일 수도 있고 타의로 인한 일일 수도 있다.

예를 들어 땅 100평을 경매로 낙찰받았다고 하자. 운 좋게도 감정평가액을 조금 밑도는 금액으로 입찰하여 1등이 되었다. 뛸 듯이 기쁜 마음에 돌아서서 가려는데 문득 2등은 얼마를 써 냈을지 궁금해졌다. 하여 이래저래 알아보니 자신이 써낸 금액보다 너무 적은 금액을 써 낸 것이다. 3등, 4등 금액도 비슷했다. 슬슬 불안해지기 시작했다. 충분히 투자가치가 있다고 생각해서 나름 알아보고 금액을 써낸 것인데 전문가들로 보이는 사람들은 땅의 가치를 낮게 평가했던 것이다. 소신을 밀고 나갈 것인가, 괜히 감만 믿다가 나중에 땅을 팔지도 못하고 농사나 지어야 한다면 낭패란 생각이 들 것 아닌가. 결국 1등으로 받은 낙찰을 포기하기로 했다. 포기의 대가는 유찰로 이어지고 다시 경매가 개시되는 만큼 자신이 낸 보증금은 포기해야 한다.

돈 때문에 보증금을 떼이기도 한다. 수익형 부동산을 낙찰받았다고 하자. 현재 영업이 잘 되고 있다는 것을 알고 낙찰을 받았고, 그 상가를 담보로 은행으로부터 대출을 받을 생각에 계산을 마쳤건만 한 달 안에 지불해야 할 잔금이 마련되지 못하는 경우다.

'부동산이 확보됐으니 당연히 은행에서 대출을 해주겠지.'

은행의 담보대출을 너무 쉽게 생각한 나머지, 낙찰을 받으면 80~90% 대출은 당연하다고 여긴다. 그런데 금융권은 서류에 의해, 철저히 돈의 관계를 따져가며 돈을 빌려준다. 알아보니 자신의 신용등급이 때문에 대출액이 떨어질 때도 있고, 등기부등본상 임차인의 우선변제권이 적용되어 대출액이 낮아질 수도, 아예 받지 못할 수도 있다. 낙찰허가로부터 잔금까지 한 달이란 기간이 있지만 자금이 막혀 잔금을 구하지 못하면 경매는 유찰된다. 이때 보증금을 날리는 것이다.

어렵게 은행의 관문까지 통과해서 잔금까지 치르고 나의 소유가 되었을 때에도 마음을 놓아선 안 된다. 경매인은 부동산 확보가 궁극적 목적이 아니다. 적절하게 넘겨 부동산을 통한 수익을 챙기는 것이다.

그런데 꽃길만 걸을 줄 알았던 낙찰 이후의 수익 구조가 영 신통치 못할 때가 있다. 보통 경매에 참여할 때 수익형 부동산의 경우, 임차인으로부터 받는 월세를 연간 수익으로 잡고 투자 금액 등을 고려하여 수익률을 따져본다. 그런데 갑작스레 임차인이 바뀐다거나, 전 소유자와 임차인 간의 짜고 치기로 임대료가 부풀려졌다거나, 경영의 어려움을 당하는 경우 월 소득에 적신호가 켜질 수도 있다.

그것보다 더 큰 문제는 토지에서 투자금이 묶이는 경우다. 파주 쪽의 개발 붐이 일기 시작하면서 나 역시 경매로 토지를 받았다. 물론 땅이라는 것이 상가나 주택에 반해 회전율이 빠르지 않다. 기다림이 필요한 항목이다. 그 사실을 몰랐던 것은 아니었기에 나름 계획을 세워 토지를 마련했다. 개발의 바람이 불고 있었기 때문에 땅값도 움직이는 듯했고 적절한 시기에 보상을 받을 계획을 했다. 그런데 가격은 들썩이는데 사겠다는 사람이 나타나질 않았다. 경매를 주업으로 삼고 있는 사람으로서 이런 일이 겹치면 상당히 어려워진다.

투자금이 묶이는 또 하나 전형적인 예는 재개발로 나온 곳에 투자한 경우다. 재개발, 참 매력적이면서도 골치 아픈 양날의 검과도 같다. 우리나라의 근대화 이후 수십 년이 지나면서 건물은 노후해지고 아직도 개발되지 않은 곳에 재개발 붐이 일어난다. 지역이 새롭게 탈바꿈되다 보니 당연히 부동산 가격과 직결되기에, 경매인들에게 있어서도 재개발은 도전하고 싶은 일이다. 재개발 지역은 서울뿐만 아니라 근교 어디든 해당된다. 나 역시 재개발 땅을 경매로 받았다가 아직까지 해결되지 못한 땅이 있다. 이 역시도 투자금이 묶이는 결과를 낳고 있다. 재개발은 '돼야 되나 보다' 하는 것이란 말이 있는 것처럼, 지금도 땅 소유자들에게 연락이 오고간다. 곧 개발이 된다는 것, 이 무모한 약속 이 아주 오랫동안 지속되면서 느낀 것은 이 분야가 조심해야 할 분야 라는 것이다. 그동안 몇 차례 조합장이 공금 가지고 야반도주도 했고 아직도 기다리고 있는 중이다.

변화무쌍 금융 환경
: 법, 은행, 세금에 주목하라

경매를 잘하려면 금융기관과 친해야 하고 금융 환경 변화에 익숙해야한다. 다시 말해 은행, 법원, 세금과 친해져야 한다. 법은 상황에 따라 조금씩 변한다. 특히 부동산에 대한 관심이 뜨거운 만큼 부동산 관련법의 변화의 정도가 커서 관심을 두고 검토해두는 것이 도움이 될 것이다.

경매와 대출

기본적으로 은행에 대해 알아야 할 것은 대출이다. 경매에 도전할 때는 최저매각가격의 10% 보증금만 걸고 진행한다. 가격대가 워낙 다양하다 보니 자신이 감당할 수 있는 범위 내에서 결정하되 1등으로 낙찰이 되었을 경우 한 달 이내에 대금 납부를 해야만 자신의 소유가 될 수 있다. 대부분 자금을 쌓아두고 경매에 참여하는 것이 아니기에 은행 대출을 이용하여 대금을 납부한다. 이때 대출을 잘 활용해야 하는데, 입찰 시 1등을 하면 그 권리로 담보대출을 받을 수 있다.

이때 부동산의 규모에 따라 대출받을 수 있는 한도가 다르다. 최근 들어 우리나라 부동산시장에 대한 관심이 워낙 뜨겁고 규제하는 분위기로 가다 보니 개인의 은행 대출이 점점 어려워지는 추세다. 거주형 부동산을 담보로 할 때와 토지를 담보로 할 때 한도액이 다르다. 토지의 경우 낙찰금의 70~80%. 한편 경매로 얻은 부동산이 법적 분쟁에 걸려 있거나 할 때도 담보대출이 규제된다.

주변에서 흔히 볼 수 있는 사례 중에 은행 대출이 막혀 유찰이 되는 경우다. 경매에 도전할 때는 막연하게 되려니 생각하는데 덜컥 낙찰받은 뒤 알아보면 생각했던 금액보다 적게 나오거나 아예 대출이 막히는 경우가 있다. 금액이 크기 때문에 한 달 안에 자금을 융통하는 일이 어려워지고 결국 걸어놓은 보증금까지 날리고 유찰되기도 한다. 무척 억울한 경우다.

그러므로 경매에 도전할 때에는 은행을 통해 어느 정도까지 자금을 만들 수 있을지 확인해본 뒤 시도하는 것이 좋다. 우리 같은 학원의 경우, 워낙 오랫동안 경매를 해왔고 운영하는 자금력이 크다 보니 대출 규제도 느슨하지만 개인에 대해서는 좀 더 보수적일 수 있으니 주의하는 것이 좋다. 그러니 그때그때 시중 은행의 이자율이나 대출 조건을 살펴보는 것도 도움이 될 것이다.

경매와 법

경매를 하게 되면 법적으로 해결해야 할 사안들이 있다. 소위 하자가 있는 물건들, 즉 권리분석을 하면서 서류상으로 만나게 되는 복잡한 사안이다. 무슨무슨권에 얽혀 있는 경우를 볼 수 있는데 그 부분이 법적 사안과 맞닿아 있을 때가 있다. 그렇다고 앞서 말했듯 법률적인 것을 다 알 필요는 없다. 다만 그 건에 대해 법적인 부분이 걸려 있게 되었다면 그때 적절한 방법을 찾아 해결해도 된다.

경매 37년 인생에서 법적으로 분쟁이 일어난 건수는 숱하게 많다. 법적 분쟁이 일어나 억울하게 피해를 입기도 했고 극적으로 승리를 거둔 적도 있다. 허위의 임차인을 밝혀내어 법적으로 부당함을 밝혀낸 적도 있다. 채무인과 임차인과의 친인척 여부를 밝히며, 임대보증금과 시세가 말도 안 되게 격차가 있는 것을 통해, 임대 계약서의 내용의 부당성을 통해 허위 임차인의 존재를 법적으로 증명하기도 했다. 그럴 때면 마치 탐정이 된 것처럼 판례나 사례를 뒤져보는데 그러면서 터득한 것은 경매 관련 법에는 경험만큼 중요한 공부가 없다는 것이다. 무서워하지 말고 전투적으로 맞서면 해결된다.

법정지상권과 유치권

경매에 입문하는 이들이 꼭 알아두어야 할 두 가지만 소개하자면 법정지상권과 유치권이다. 경매에서 가장 많이 걸리게 되는 법적 분쟁이고 가장 많이 듣게 되고 서류상 보게 될 부분이기에 익혀두면 좋다.

법정지상권에 얽힌 경매 건수가 참 많다. 토지와 건물 중 한 쪽만을 낙찰받을 경우엔 반드시 법정지상권 성립 여부를 분석해야 한다. 이 법정지상권이 성립된다는 것은 낙찰자가 토지 위 건물을 마음대로 처분할 수 없다는 뜻이다. 반대로 법정지상권이 성립되지 않을 때는 토지를 경매받은 낙찰자가 건물을 철거할 수 있다.

보통 토지와 건물이 일괄매각 형식으로 경매시장에 나오는데, 토지만 경매로 나온다거나 건물만 경매로 나오는 경우가 있다. 일단 따로 나온 것부터 살펴봐야 하는데, 이때 경매자는 반드시 토지만 매수해야 한다. 땅과 건물 중 우선하는 것은 토지다.

토지를 낙찰받고 난 뒤 건물에 대한 법정지상권 여부를 따져봐야 하는데, 법정지상권이 성립하지 않는 경우는 다음과 같다.

- 임의경매 시, 토지에 최초의 저당권이 설정될 당시 건물이 존재하지 않는 경우
- 최초의 저당권 설정 당시 토지 주인과 건물 주인이 동일하지 않은 경우

법정지상권은 토지 위에 건물이 있고, 토지만 낙찰받고 난 뒤 건물과의 문제를 해결해야 하므로 법정지상권 성립 여부를 확인하여 법적으로 진행해야 한다. 나 역시 30여 년이 넘는 시간 동안 겪은 많은 경매 사례에서 법정지상권을 깬 일이 많다. 겉으로 보기에 법이라는 딱딱한 틀 때문에 다들 두려워하는데 그보다 온전한 권리를 법적으로 찾는 일이므로 알아두는 것이 좋다.

또 하나는 유치권이다. 유치권은 공사대금 유익비, 인테리어 등으로 지금 너무 많은 유치권이 판치고 있다. 예를 들어 어떤 건물을 지을 때 공사업체에서 공사대금을 다 받지 못했다고 한번 생각해보자. 업체는 미수된 돈을 받기 전까지 지어진 건물을 점유하며 돈을 요구할 수 있다. 이렇게 유치권 성립이 된 경매 물건과 만난다면 반드시 해결해야 할 숙제다. 숙제가 어렵게 꼬여 있을 때 경매 입문자들은 피해 가는 것이 좋다. 하지만 유치권 역시 해결할 수 있는 노하우가 있기에 경험자들은 도전해볼 만하다. 유치권에 대해서도 법적인 유권해석이 가능하기 때문이다.

유치권 성립 여부가 있는 건에 대해서는 일단 현장 조사를 통해 점유가 되고 있는지 현황을 살펴보고 사실 여부를 확인해야 한다. 공사 대금 미수로 인한 유치권의 경우 대금이 부풀려져 있는 경우도 많고 허위인 경우가 대부분이다.

다만 유치권 부분에서 실수하기 쉬운 하나가 점유에 관한 것이다. 유치권이 성립하기 위해서는 반드시 점유를 필요로 하는데, 이때 유치권자가 직접 점유하지 않고 직원이나 친족 등에 의한 간접점유에 의해서도 성립하기 때문에 유의해야 한다.

취득세(구 취등록세)와 양도소득세

어떤 사람이 수익형 상가를 경매로 매입했다. 기존의 평가금액보다 20~30% 적은 가격으로 매입했던 터라 꽤 만족스러웠다. 그런데 마침 그 상가 임차인이 매입 의사를 밝혀왔고 조건도 나쁘지 않았다. 주변의 다른 상가의 거래 금액으로 사겠다는 말에 마음이 움직였다. 20~30% 차익을 보는 것으로도 충분히 투자가치가 있다고 여겨졌기 때문인데, 아뿔싸 세금 문제를 빠뜨린 것이다. 양도소득세를 깜빡하고 거래를 진행했는데, 그 세금이 만만치 않았다. 1년 내에 처분하는 것이기에 차익의 50% 정도의 세율이 부과된 것이다. 울며 겨자 먹기 식으로 상가를 처분해야 했던 슬픈 이야기다.

많은 사람들이 이제는 양도소득세에 대해 알고 있지만 경매 등으로 부동산 관련 일을 할 때 세금 문제는 신경 써야 할 부분이기도 하다. 너무 복잡한 것은 사안에 따라 알아가면 되며 경매 기초에 있어 알아야 할 세금은 양도소득세와 취등록세다.

취득세 세율(지방교육세 및 농어촌특별세 포함)

취득 원인	취득 물건			조정 대상지역	비조정 대상지역
매매	1주택	6억 원 이하	85㎡ 이하	1.1%	1.1%
			85㎡ 초과	1.3%	1.3%
		6억 원 초과 9억 원 이하	85㎡ 이하	(가액×2/3억 원-3) ×1/100×1.1	(가액×2/3억 원-3) ×1/100×1.1
			85㎡ 초과	(가액×2/3억 원-3)×1/100× 1.1+0.2%	(가액×2/3억 원-3)×1/100× 1.1+0.2%
		9억 원 초과	85㎡ 이하	3.3%	3.3%
			85㎡ 초과	3.5%	3.5%
	2주택	6억 원 이하	85㎡ 이하	8.4%	1.1%
			85㎡ 초과	9.0%	1.3%
		6억 원 초과 9억 원 이하	85㎡ 이하	8.4%	(가액×2/3억 원-3) ×1/100×1.1
			85㎡ 초과	9.0%	(가액×2/3억 원-3)×1/100× 1.1+0.2%
		9억 원 초과	85㎡ 이하	8.4%	3.3%
			85㎡ 초과	9.0%	3.5%
	3주택		85㎡ 이하	12.4%	8.4%
			85㎡ 초과	13.4%	9.0%
	4주택 이상		85㎡ 이하	12.4%	12.4%
			85㎡ 초과	13.4%	13.4%
	법인 취득 주택		85㎡ 이하	12.4%	12.4%
			85㎡ 초과	13.4%	13.4%
	농지		일반	3.4%	3.4%
			2년 자경	1.6%	1.6%
	그 외 부동산			4.6%	4.6%

증여	주택	1주택자가 배우자, 직계 존비속에게	85㎡ 이하	3.8%	3.8%
			85㎡ 초과	4.0%	4.0%
		3억 원 미만	85㎡ 이하	3.8%	3.8%
			85㎡ 초과	4.0%	4.0%
		3억 원 이상	85㎡ 이하	12.4%	3.8%
			85㎡ 초과	13.4%	4.0%
	그 외 부동산			4.0%	4.0%
상속	주택		1가구 1주택	0.96%	0.96%
			85㎡ 이하	2.96%	2.96%
			85㎡ 초과	3.16%	3.16%
	농지		일반	2.56%	2.56%
			2년 자경	0.18%	0.18%
	그 외 부동산			3.16%	3.16%
신축	주택		85㎡ 이하	2.96%	2.96%
			85㎡ 초과	3.16%	3.16%
	그 외 부동산			3.16%	3.16%

자료: 국세청, 국가법령정보센터

먼저, 경매에 참여하여 낙찰을 받게 되면 이 절차에 해당하는 세금을 내야 한다. 그것이 취·등록세다. 경매로 참여할 때 상가의 경우 4.6% 취득세가 부과되므로, 낙찰가의 4.6%를 지불하면 된다. 그 외 주택이나 다른 경우는 각각의 요율이 적용되니 다음의 표를 참고하면 된다.

다음은 양도소득세다. 양도소득세는 부동산 투기 과열을 막기 위해 만든 법으로, 토지나 건물 고정자산 시설물 등 재산의 소유권이 다른 사람에게 넘어가면서 생기게 되는 차익, 즉 양도소득에 대해 부과하는 세금을 말한다. 한마디로 얼마나 이익을 남기고 매매했는지, 그에 따른 세금이 양도소득세다. 1천만 원의 시세차익과 1억 원의 시세차익은 차등적용 되기에 많은 차이가 있다.

토지나 건물 등 고정자산의 영업권, 특정 시설물의 이용권이나 회원권 등 대통령령으로 정하는 기타 재산의 소유권 양도에 따라 생기는 양도소득에 대해 부과하는 조세를 말한다. 경매인들에게 있어 양도소득세는 민감한 문제다. 투자의 개념으로 경매에 참여할 때가 많은데,

양도소득세 기본세율(2023년 이후)

과세표준	세율	누진공제액
1,400만 원 이하	6%	–
1,400만 원 초과 5천만 원 이하	15%	126만 원
5천만 원 초과 8,800만 원 이하	24%	576만 원
8,800만 원 초과 1억 5천만 원 이하	35%	1,544만 원
1억 5천만 원 초과 3억 원 이하	38%	1,994만 원
3억 원 초과 5억 원 이하	40%	2,594만 원
5억 원 초과 10억 원 이하	42%	3,594만 원
10억 원 초과	45%	6,594만 원

자료: 국세청

자금의 빠른 회전을 위해서는 단기매매가 유리할 때가 많다. 그런데 이 경우 양도소득세가 더 중하게 부과되므로 절세하는 방법을 고려해야 한다.

부동산, 부동산에 관한 권리, 기타자산 양도소득세 세율

구분			2년 이상 보유
토지·건물, 부동산에 관한 권리	보유기간	1년 미만	50%[1] (70%)[2]
		2년 미만	40%[1] (60%)[2]
		2년 이상	기본세율
	분양권		60% (70%)[3]
	1세대 2주택 이상(1주택과 1조합원입주권·분양권 포함)인 경우의 주택		기본세율[5]
	1세대 3주택 이상(주택+조합원 입주권+분양권 합이 3이상 포함)인 경우의 주택		
	비사업용 토지		보유기간별 세율 (지정지역: 기본세율 + 10%p)[4]
	미등기양도자산		70%
기타자산			보유기간에 관계없이 기본세율

1) 2 이상의 세율에 해당하는 때에는 각각의 산출세액 중 큰 것(예:기본세율 + 10%p와 40 or 50% 경합시 큰 세액 적용)
2) 주택(이에 딸린 토지 포함) 및 조합원입주권을 양도하는 경우
3) 보유기간이 1년 미만인 것
4) 2016.1.1. 이후(2015.12.31.까지 지정지역은 + 10%) 모든 지역의 비사업용 토지 → 비사업용 토지 세율 (기본세율 + 10%p, 소득법 §104①8)
5) **보유기간 2년 이상인 조정대상지역 내 주택을 2022.5.10일부터 2024.5.9일까지 양도 시 기본세율 적용**

자료: 국세청

장기보유특별공제율

일반			
보유기간	**공제율**	**보유기간**	**공제율**
3년	6%	11년	22%
4년	8%	12년	24%
5년	10%	13년	26%
6년	12%	14년	28%
7년	14%	15년 이상	30%
8년	16%		
9년	18%		
10년	20%		

2년 이상 거주한 1세대 1주택			
보유기간	**공제율**	**거주기간**	**공제율**
–	–	2년	8%
3년	12%	3년	12%
4년	16%	4년	16%
5년	20%	5년	20%
6년	24%	6년	24%
7년	28%	7년	28%
8년	32%	8년	32%
9년	36%	9년	36%
10년 이상	40%	10년 이상	40%

*거주기간 2년 이상 3년 미만은 보유기간 3년 이상에 한정

자료: 국세청

이에 대한 가장 기본적이고 합법적인 방법은 양도소득세가 부과되지 않는 기간까지 수익을 조율하여 운영하는 것이다. 경매 입문하는 이들이라면 이 두 가지 세금에 대해 알아두고, 법이 정한 절차에 따라 지키는 것이 좋다.

법과 세금 더 알아봅시다.

● **주택임대차보호법**

– 주택 소액임차인 최우선변제금: 주민등록 전입과 건물의 인도가 있어야 한다
(매각금액의 $\frac{1}{2}$ 한도)
– 설정일의 기준은 임대차계약일이 아닌 담보물권(근저당권, 담보가등기, 전세권
등) 설정일의 기준을 한다.

주택 소액임차인 최우선변제금

담보물권설정일	지역	보증금 범위	최우선변제액
1984. 6. 14.~ 1987. 11. 30.	특별시, 직할시	300만 원 이하	300만 원까지
	기타 지역	200만 원 이하	200만 원까지
1987. 12. 1.~ 1990. 2. 18.	특별시, 직할시	500만 원 이하	500만 원까지
	기타 지역	400만 원 이하	400만 원까지
1990. 2. 19.~ 1995. 10. 18.	특별시, 직할시	2,000만 원 이하	700만 원까지
	기타 지역	1,500만 원 이하	500만 원까지
1995. 10. 19.~ 2001. 9. 14.	특별시, 광역시(군 지역 제외)	3,000만 원 이하	1,200만 원까지
	기타 지역	2,000만 원 이하	800만 원까지
2001. 9. 15.~ 2008. 8. 20.	수도정비계획법 중 과밀억제권역	4,000만 원 이하	1,600만 원까지
	광역시(군 지역과 인천광역시 지역 제외)	3,500만 원 이하	1,400만 원까지
	그 밖의 지역	3,000만 원 이하	1,200만 원까지
2008. 8. 21.~ 2010. 7. 25.	수도정비계획법 중 과밀억제권역	6,000만 원 이하	2,000만 원까지
	광역시(군 지역과 인천광역시 지역 제외)	5,000만 원 이하	1,700만 원까지
	그 밖의 지역	4,000만 원 이하	1,400만 원까지

담보물권설정일	지역	보증금 범위	최우선변제액
2010. 7. 26.~ 2013. 12. 31.	서울특별시	7,500만 원 이하	2,500만 원까지
	수도권정비계획법에 따른 과밀억제권역(서울특별시는 제외한다)	6,500만 원 이하	2,200만 원까지
	광역시(수도권정비계획법에 따른 과밀억제권역에 포함된 지역과 군 지역은 제외한다), 안산시, 용인시, 김포시, 광주시	5,500만 원 이하	1,900만 원까지
	그 밖의 지역	4,000만 원 이하	1,400만 원까지
2014. 1. 1.~ 2016. 3. 30.	서울특별시	9,500만 원 이하	3,200만 원까지
	수도권정비계획법에 따른 과밀억제권역(서울특별시는 제외한다)	8,000만 원 이하	2,700만 원까지
	광역시(수도권정비계획법에 따른 과밀억제권역에 포함된 지역과 군 지역은 제외한다), 안산시, 용인시, 김포시, 광주시	6,000만 원 이하	2,000만 원까지
	그 밖의 지역	4,500만 원 이하	1,500만 원까지
2016. 3. 31.~ 2018. 9. 17.	서울특별시	1억 원 이하	3,400만 원까지
	수도권정비계획법에 따른 과밀억제권역(서울특별시는 제외한다)	8,000만 원 이하	2,700만 원까지
	광역시(수도권정비계획법에 따른 과밀억제권역에 포함된 지역과 군 지역은 제외한다), 세종특별자치시, 안산시, 용인시, 김포시, 광주시	6,000만 원 이하	2,000만 원까지
	그 밖의 지역	5,000만 원 이하	1,700만 원까지

담보물권설정일	지역	보증금 범위	최우선변제액
2018. 9. 18.~ 2021. 5. 10.	서울특별시	1억 1천만 원 이하	3,700만 원까지
	수도권정비계획법에 따른 과밀억제권역(서울특별시는 제외한다), 세종특별자치시, 용인시, 화성시	1억 원 이하	3,400만 원까지
	광역시(수도권정비계획법에 따른 과밀억제권역에 포함된 지역과 군 지역은 제외한다), 안산시, 김포시, 광주시, 파주시	6,000만 원 이하	2,000만 원까지
	그 밖의 지역	5,000만 원 이하	1,700만 원까지
2021. 5. 11.~ 2023. 2. 20.	서울특별시	1억 5천만 원 이하	5,000만 원까지
	수도권정비계획법에 따른 과밀억제권역(서울특별시는 제외한다), 세종특별자치시, 용인시, 화성시, 김포시	1억 3천만 원 이하	4,300만 원까지
	광역시(수도권정비계획법에 따른 과밀억제권역에 포함된 지역과 군 지역은 제외한다), 안산시, 김포시, 광주시, 파주시, 이천시, 평택시	7,000만 원 이하	2,300만 원까지
	그 밖의 지역	6,000만 원 이하	2,000만 원까지
2023. 2. 21.~	서울특별시	1억 6,500만 원 이하	5,500만 원까지
	수도권정비계획법에 따른 과밀억제권역(서울특별시는 제외한다), 세종특별자치시, 용인시, 화성시, 김포시	1억 4,500만 원 이하	4,800만 원까지
	광역시(수도권정비계획법에 따른 과밀억제권역에 포함된 지역과 군 지역은 제외한다), 안산시, 광주시, 파주시, 이천시, 평택시	8,500만 원 이하	2,800만 원까지
	그 밖의 지역	7,500만 원 이하	2,500만 원까지

자료: 국가법령정보센터

* 수도권정비계획법 중 과밀억제권역 내용 더 보기
서울특별시, 의정부시, 구리시, 남양주시(호평동, 평내동, 금곡동, 일패동, 이패동, 삼패동, 가운동, 수석동, 지금동 및 도농동만 해당), 하남시, 고양시, 수원시, 성남시, 안양시, 부천시, 광명시, 과천시, 의왕시, 군포시, 시흥시[반월특수지역(반월특수지역에서 해제된 지역 포함) 제외]
인천광역시[강화군, 옹진군, 서구 대곡동·불로동·마전동·금곡동·오류동·왕길동·당하동·원당동, 인천경제자유구역(경제자유구역에서 해제된 지역 포함) 및 남동 국가산업단지는 제외]

● 상가건물 임대차보호법
- 상가 임차인의 최우선변제금: 임차인은 임차상가건물에 대한 경매 신청의 등기 전에 상가건물의 인도와 사업자등록을 신청해야 한다.
- 환산보증금: 전세의 경우 보증금을, 월세의 경우 보증금+(월세×100)

상가건물 임대차보호법 적용 대상 및 우선변제권의 범위

담보물권 설정일	지역	보호법 적용 대상 (환산보증금)	보증금 범위 (환산보증금)	최우선변제액
2002. 11. 1.~ 2008. 8. 20.	서울특별시	2억 4천만 원 이하	4,500만 원 이하	1,350만 원 까지
	과밀억제권역(서울특별시 제외)	1억 9천만 원 이하	3,900만 원 이하	1,170만 원 까지
	광역시(군 지역 및 인천광역시 제외)	1억 5천만 원 이하	3,000만 원 이하	900만 원 까지
	그 밖의 지역	1억 4천만 원 이하	2,500만 원 이하	750만 원 까지
2008. 8. 21.~ 2010. 7. 25.	서울특별시	2억 6천만 원 이하	4,500만 원 이하	1,350만 원 까지
	과밀억제권역(서울특별시 제외)	2억 1천만 원 이하	3,900만 원 이하	1,170만 원 까지
	광역시(군 지역 및 인천광역시 제외)	1억 6천만 원 이하	3,000만 원 이하	900만 원 까지
	그 밖의 지역	1억 5천만 원 이하	2,500만 원 이하	750만 원 까지

담보물권 설정일	지역	보호법 적용 대상 (환산보증금)	보증금 범위 (환산보증금)	최우선변제액
2010. 7. 26.~ 2013. 12. 31.	서울특별시	3억 원 이하	5,000만 원 이하	1,500만 원 까지
	과밀억제권역(서울특별 시 제외)	2억 5천만 원 이하	4,500만 원 이하	1,350만 원 까지
	광역시(수도권정비계획 법에 따른 과밀억제권역 에 포함된 지역과 군 지 역은 제외), 안산시, 용인 시, 김포시, 광주시	1억 8천만 원 이하	3,000만 원 이하	900만 원 까지
	그 밖의 지역	1억 5천만 원 이하	2,500만 원 이하	750만 원 까지
2014. 1. 1.~ 2018. 1. 25.	서울특별시	4억 원 이하	6,500만 원 이하	2,200만 원 까지
	과밀억제권역(서울특별 시 제외)	3억 원 이하	5,500만 원 이하	1,900만 원 까지
	광역시(수도권정비계획 법에 따른 과밀억제권역 에 포함된 지역과 군 지 역은 제외), 안산시, 용인 시, 김포시, 광주시	2억 4천만 원 이하	3,800만 원 이하	1,300만 원 까지
	그 밖의 지역	1억 8천만 원 이하	3,000만 원 이하	1,000만 원 까지
2018. 1. 26. ~2019. 4. 1.	서울특별시	6억 1천만 원 이하	6,500만 원 이하	2,200만 원 까지
	과밀억제권역(서울특별 시 제외)	5억 원 이하	5,500만 원 이하	1,900만 원 까지
	부산광역시(기장군 제 외)	5억 원 이하	3,800만 원 이하	1,300만 원 까지
	부산광역시(기장군)	3억 9천만 원 이하	3,000만 원 이하	1,000만 원 까지

담보물권 설정일	지역	보호법 적용 대상 (환산보증금)	보증금 범위 (환산보증금)	최우선변제액
2018. 1. 26. ~2019. 4. 1.	광역시(수도권정비계획 법에 따른 과밀억제권역 에 포함된 지역과 군 지 역, 부산광역시 제외), 안 산시, 용인시, 김포시, 광 주시	3억 9천만 원 이하	3,800만 원 이하	1,300만 원 까지
	세종특별자치시, 파주시, 화성시	3억 9천만 원 이하	3,000만 원 이하	1,000만 원 까지
	그 밖의 지역	2억 7천만 원 이하	3,000만 원 이하	1,000만 원 까지
2019. 4. 2. ~	서울특별시	9억 원 이하	6,500만 원 이하	2,200만 원 까지
	과밀억제권역(서울특별 시 제외)	6억 9천만 원 이하	5,500만 원 이하	1,900만 원 까지
	부산광역시(기장군 제 외)	6억 9천만 원 이하	3,800만 원 이하	1,300만 원 까지
	부산광역시(기장군)	6억 9천만 원 이하	3,000만 원 이하	1,000만 원 까지
	광역시(수도권정비계획 법에 따른 과밀억제권역 에 포함된 지역과 군 지 역, 부산광역시 제외), 안 산시, 용인시, 김포시, 광 주시	5억 4천만 원 이하	3,800만 원 이하	1,300만 원 까지
	세종특별자치시, 파주시, 화성시	5억 4천만 원 이하	3,000만 원 이하	1,000만 원 까지
	그 밖의 지역	3억 7천만 원 이하	3,000만 원 이하	1,000만 원 까지

자료: 국가법령정보센터

* 수도권정비계획법 중 과밀억제권역 내용 더 보기

서울특별시, 의정부시, 구리시, 남양주시(호평동, 평내동, 금곡동, 일패동, 이패동, 삼패동, 가운동, 수석동, 지금동 및 도농동만 해당), 하남시, 고양시, 수원시, 성남시, 안양시, 부천시, 광명시, 과천시, 의왕시, 군포시, 시흥시[반월특수지역(반월특수지역에서 해제된 지역 포함) 제외]

인천광역시(강화군, 옹진군, 서구 대곡동·불로동·마전동·금곡동·오류동·왕길동·당하동·원당동, 인천경제자유구역(경제자유구역에서 해제된 지역 포함) 및 남동 국가산업단지는 제외]

일을 통해 꿈을 꾸는 경매인이 되기까지

일을 통해 꿈을 꾸다

최근에 규모가 큰 경매에 도전했다. 강원도 고성에서 경매로 나온 토지경매였다. 뜬금없이 웬 고성? 했다면 당신은 아직 정보에 무디다. 좀더 날카롭게 촉을 갈아야 한다.

고성은 얼마 전부터 뉴스나 정보에서 오르내린 지역이다. 남북 정상회담이 추진되고 진행되는 과정 속에서 화해 무드가 형성되면서, 남북으로 나뉜 고성군에 대한 상징적 의미 부각과 함께 통일 관련 정책으로 여러 개발사업의 중심에 놓이게 되었다. 전국 230개 자치 시군구 가운데 분단도에 속하는 곳이 고성인데, 지리적으로 최고 변방이고 산맥과 민통선에 막혀 개발이 막혔었다. 발전하기 힘든 여건이 갖추어져 있었다. 그에 따라 지역 부동산의 가치도 낮은 상태였다. 하지만 다른 관점에서 보면 고성군이 표방하는 것처럼 자연이 살아 숨 쉬는 고장이란 이점도 있었다.

이런 상황 가운데 남북 화해 무드가 형성되었고 고성은 달라졌다. 지구상 단 하나밖에 없는 비무장지대가 있고, 금강산이 바라보이는 통일전망대와 전쟁체험관, 남북교류타운, DMZ 박물관 등 통일 관련 콘텐츠가 갖는 의미가 생겼다. 무엇보다 통일 관련 개발사업이 활발히 추진될 계획이 발표되면서 중장기적인 개발계획이 힘을 얻게 된 것이다.

이런 배경 가운데 고성에서 토지경매가 나왔고 나는 이 프로젝트에 힘을 쏟았다. 단순히 토지를 소유한다는 의미가 아니었다. 정부에서 꾸는 꿈과 같은 꿈을 꾸게 된 것이다. 이 경매에 입찰을 결정하면서 수도 없이 머릿속으로 상상했다.

통일 1번지가 될 고성을 통과하는 교통과 그에 따른 통일 관련 제반 시설, 각종 지역 개발과 함께 큰 도시로 성장할 이 지역의 모습을 떠올리며 마음속으로 건물을 지어 올렸다. 그 순간순간이 너무 행복했고 즐거웠다. 수익도 수익이지만 가치 있는 일에 참여할 수 있다는 자부심이 나를 이끌었고 나를 중심으로 모인 투자팀은 이 경매를 위해 노력과 시간을 투자했다. 수차례 고성을 오가며 현장을 살펴보고 지역 행정 책임자들과 접촉하며 이야기를 들었다.

드디어 경매입찰일이 되었다. 평당 얼마로 써야 할지 고민이 되었다. 우리와 같은 생각으로 도전할 이들이 많을 것이었다. 제자들과 모여 이 점에 의논을 하다 보니 의견이 천차만별이었다. 공통적으로 앞으로 개발 가능성과 투자가치가 있다는 사실이었다. 모두의 의견이 그렇다면 수익을 떠나 반드시 따내야 할 일이란 믿음이 생겼다.

결과적으로 우리는 1등으로 낙찰받았다. 총 금액 53억 5천만 원이었다. 또 한 번 던진 승부수가 빛을 발할지 아닐지 아직 모를 일이다. 하지만 기대로 충만하다. 훗날 이 땅이 무한한 가치를 가질 것이라는 믿음이 있기 때문이다. 다행히 그 기대치에 걸맞게 분위기가 흘러가고 있고 개발이 진행 중이다. 더불어 우리가 경매로 얻은 땅의 가치도 이미 엄청난 가치로 바뀌리라 확신한다.

중요한 것은 일을 통해 꿈을 꾸는 것이다. 그 꿈이 돈에 대한 욕심에만 머물면 안 된다. 그저 돈 돈 하면서 돈 벌려는 요량으로만 이 일에 임했다가는 그저 그런 사람으로 남게 된다. 그 욕심을 넘어 꿈을 꾸고 가치를 추구할 때 변화가 시작되고 변화는 가치를 창출하고 새로운 세상이 탄생되는 것이다.

경매는 가능성이다

긴 시간 동안 경매를 하면서 수천 건의 낙찰을 경험하고 각 부동산들의 생로병사를 지켜보고 또 주관하면서, 물건을 싸게 사서 좋은 가격에 매도하는 그 많은 것들이 의도대로 되기도 하지만 그렇지 않은 것도 있었다. 이유는 간단하다. 내 마음대로 싸게 살 수 없고, 매수인이 매번 다르듯 매도 시기도 다르다. 흑자 시기와 기회도 변화하고, 국내

정세의 변화로 정확한 예측을 하기도 어렵기 때문이다.

성공이 그래서 어렵다. 주어진 상황부터 이렇게 변화무쌍한데, 보는 관점마저 일반인과 비슷하다면 확률은 더 떨어진다. 누구나 보는 눈이 비슷하다면 경쟁이 유발될 것이고, 그 경쟁은 더욱 상황을 어렵게 몰아갈 것이다.

그래서 보는 눈이 달라야 한다. 누구나 볼 수 있는 부분만 봐선 경매로 성공하기 힘들다. 물론 쉽지 않다. 그렇다고 불가능하지 않다. 흙 속에 있는 보석을 누구나 찾아낼 수 없듯이 보석은 특별한 눈을 가진 이에게 눈에 띈다. 우리나라 축구 사상 유례없는 4강 신화를 이뤄낸 히딩크 감독도 보통의 시각을 가진 사람이 아니다. 선수의 가치를 발견하고 그들로 하여금 꿈을 꾸게 했다.

경매로 성공하기 위한 길도 같다. 다른 눈을 갖고 꿈을 꾸어야 한다. 어떻게 다른 눈을 가질 수 있을까. 먼저 자신을 긍정적으로 만들었으면 좋겠다.

'나는 성공한 사람이다. 행복한 사람이다. 진화한다, 이웃을 사
랑하는 사람이다.'

지금도 나는 이러한 주문을 외운다. 긍정의 기운을 항상 느끼고 간절히 반복하다 보면 그대로 된다.

또 하나는 뭐든 이해하려는 마음을 가져야 할 것이다. 고정된 틀로

생각을 가두지 않아야 한다. 사물도 이해하려 해야 한다. 자유롭게 해야 한다. 이해하려는 마음을 가지고 모든 것을 대할 때 생각이 만들어지고 생각이 달라지고 생각이 열린다. 아는 것도 이해하는 것이고 모르는 것을 모른다고 인정하는 것도 그것을 이해하는 방법일 것이다. 뭐든 이해하다 보면 고정된 틀에서 벗어나 생각을 바꿀 수 있다. 그만큼 가능성도 열린다는 의미다.

경매는 가능성이다. 경매의 고수로서 이 경매의 세계에서 오래토록 남기 원한다면 남다른 눈으로 꿈꾸기 바란다.

경매 책…… 쓸 수 있을까?

십수 년 전부터 마음 한구석에 맴돌던 것. 다른 이들이 쓰라 하고 재촉도 하고 생각을 떨칠 수는 없었다. 망설이는 것은 단 하나, 자신이 없었다. 경매를 오래 했고, 하다 보니 성공과 실패를 반복하고 노하우가 쌓였을 것이라고 생각해서 책을 쓰라고 하는 것 같다.

하지만 경매는 그때그때 다 다른 경우다. 바둑을 100판 두면 같은 판이 없듯이. 경매 세계도 복잡하고 다난하다. 승리를 위해 결정하는 통찰력을 어떻게 설명할 수 있을까. 강하고, 부드럽고, 즐기고 양보하고 냉정하고 뜨겁고. 다양성 속에서 끌어내는 쟁취 분위기. 그것들의 과정을 정리해야 한다. 성공과 실패의 과정, 여정이라고 할까. 이것들을 정리해보자 결심하게 되었다. 성공의 요건이 비록 별거 아니든 특별한 것이든 사실을 잘, 편안히 정리할 수 있어야 한다.

멋진 글, 잘 쓴 책을 생각하기도 했지만 그것도 아니었다. 성공을 간절히 바라는 독자들에게 실질적 도움이 되고 지침이 되는 그런 책을 쓰고 싶었다.

언제나 우리는 놀라운 세상을 만나고 싶어 한다. 성공이 주는 기쁨을 함께 나누기를 원한다는 마음은 돈, 성공, 명예, 사랑 어떤 것이든 성취는 아름다운 것이라야 한다는 전제를 가정한다. 부담 없이 읽고 편안한 마음으로 저마다의 깨달음을 얻어보자. 이 책을 통한 경매로의 성공을 기원한다. 경매를 하며 수많은 사람들을 만나왔고, 이러한 연을 통해 성공으로 발돋움할 때 가장 깊게 고민했던 것은 어떤 것을 어떻게 받아들였느냐의 문제였다. 어떤 것도 다 가능하다는 생각과 어떤 만남에서 새로이 탄생하는 변화의 질서를 어떻게 받아들이는가, 나는 누구인가와 같은 문제들. 도전과 성공 가능성에 대한 열망은 반드시 성취를 맛볼 수 있게 만들어준다. 변화를 받아들이는 마음, 늘 일어나는 놀라운 기적 같은 것들을 감동으로 받아들이는 마음.

평범한 나의 경험이 당신에게 공감을 불러일으킨다면, 이미 성공은 곁에 와 있는 것이다. 실패가 성공이라는 철칙을 믿고 경매 마당에 뛰어든다면 행복은 당신의 것이 될 수 있을 것이다.

KI신서 11000

거장의 경매 수첩

1판 1쇄 발행 2023년 7월 12일
1판 2쇄 발행 2023년 7월 31일

지은이 심완보(태양바람)
펴낸이 김영곤
펴낸곳 ㈜북이십일 21세기북스

콘텐츠개발본부이사 정지은
인생명강팀장 윤서진　**인생명강팀** 최은아 강혜지 황보주향 심세미
출판마케팅영업본부장 한충희
마케팅2팀 나은경 정유진 박보미 백다희
출판영업팀 최명열 김다운 김도연
제작팀 이영민 권경민

출판등록 2000년 5월 6일 저1406-2003-061호
주소 (10881) 경기도 파주시 회동길 201(문발동)
대표전화 031-955-2100　**팩스** 031-955-2151　**이메일** book21@book21.co.kr

(주)북이십일 경계를 허무는 콘텐츠 리더

21세기북스 채널에서 도서 정보와 다양한 영상자료, 이벤트를 만나세요!
페이스북 facebook.com/jiinpill21　포스트 post.naver.com/21c_editors
인스타그램 instagram.com/jiinpill21　홈페이지 www.book21.com
유튜브 youtube.com/book21pub

서울대 가지 않아도 들을 수 있는 **명강**의! 〈서가명강〉
'서가명강'에서는 〈서가명강〉과 〈인생명강〉을 함께 만날 수 있습니다.
유튜브, 네이버, 팟캐스트에서 '서가명강'을 검색해보세요!

ⓒ 심완보, 2023
ISBN 978-89-509-8515-8 03320